J'aurais voulu être le fils de quelqu'un

Frédéric Dehan

J'aurais voulu être le fils de quelqu'un

Michel Lafon

7-13, boulevard Paul-Émile Victor – Île de la Jatte
92521 Neuilly-sur-Seine Cedex

www.michel-lafon.com

Pour Dan -

Quelques mots écrits à
l'encre de mes "maux"
ceux que tu ne connais

À Dominique Lozac'h-Reiff.

pas "Tous"...

le passé est le passé.
Personne n'a le pouvoir
de l'effacer. Il appartient
à ceux qui le vive.
Avec "leurs souvenirs"
et leurs hystoires...

"Bruxelles" "le comptoir"
Montreal "Ste catherine"
Bordeau "La réole"
La Louvière....

Un jour, j'ai rencontré François Berléand,
il m'a dit que je devrais « coucher »
mes maux... sur mes mots. Je l'ai écouté...

Je te souhaite le
meilleur... dans ta
nouvelle vie....
Amicallement.
+ si affinité.
"Je suis open"
Frédéric [illegible]

I

L'ABANDON

– 1 –

De l'autre côté de la porte rouge

Upie. 1968, j'ai quatre ans...

Aujourd'hui, c'est un jour de chance, il paraît...

1968. La France se soulève sous la pression de sa jeunesse débordante, qui hurle, qui casse, qui dit non à tout.

Mai 68.

C'est dans ce pays qui a décidé de ne plus subir, de ne plus se taire, de crier haut et fort son malaise, sa soif de liberté, que moi, le « petit André », ma main dans celle de ma mère, je me retrouve devant une immense porte rouge au milieu d'un village où rien ne bouge, à part le vent qui se faufile parmi les feuilles des platanes.

Un village de France anormalement silencieux. Cependant, d'au-delà de cette porte rouge me parviennent des sons. Je ne sais pas très bien ce que je viens faire ici. Je tremble, je dois sentir qu'il va se passer quelque chose d'important.

De définitif, peut-être.

J'entends battre mon cœur.

Le grincement d'une grille que l'on ouvre, mal huilée, de l'autre côté de la porte rouge.

J'ai peur, je m'accroche à la main de ma mère, un bruit de clefs me fait sursauter. Je me cache derrière celle qui m'a mené jusqu'ici. La porte s'ouvre, je ne veux pas voir ce qu'il y a au-delà de la grille. Je ne crains rien, je suis à l'abri derrière le corps de ma mère. Je ferme les yeux.

– Bonjour madame, alors voici donc le petit André ?

C'est toujours les yeux fermés, en aveugle volontaire, que je pénètre, accroché à tout ce qui me reste – cette main, cette mère –, dans cette maison qui désormais sera la mienne.

On me tire par le bras, me fait asseoir sur une chaise.

– Attendez là, la mère supérieure va vous recevoir...

On dit souvent que l'ouïe, chez les aveugles, est plus développée que celle des voyants.

J'entends des pas dans ce lieu de silence où pourtant tout résonne.

J'entends, mais ne vois pas. Je perçois juste le bruissement que font des sortes de fantômes balayant les murs de ces longs couloirs.

À partir de là, tout va très vite. À présent je n'ai plus le son, et plus l'image.

Je suis aveugle et sourd. On peut faire de moi ce que l'on veut dans cette France où tout est figé. Je dois être le seul paquet que la poste a livré aujourd'hui. C'est cela : un paquet livré par les PTT en grève, un bébé cigogne emmailloté, déposé là par une mère au grand bec.

On me tire à nouveau par le bras.

Les yeux fermés, et en marche arrière, j'avance en pleurant, en hurlant des « maman ! ».

Probablement les derniers.

Tandis que je l'implore de me ramener de l'autre côté de la porte rouge, dans ma vie d'avant, je sens qu'une partie de moi disparaît.

Une étreinte forte, deux corps arrachés l'un à l'autre, mes yeux qui s'ouvrent enfin, noyés dans mes larmes de bébé. Je regarde s'éloigner cette mère venue se débarrasser de moi en ces lieux.

Je veux qu'elle se retourne, je veux qu'elle entre en révolte comme le pays, mais cela n'arrivera pas.

La grande porte aux innombrables verrous se referme. Elle m'abandonne à ces femmes aux robes grises qui frôlent les murs austères de ma nouvelle demeure.

Sur l'un d'eux, un crucifix de bois me nargue.

C'est à travers les jupes grises des « fiancées de Jésus » que je vois ma mère me quitter.

Je ne crie plus, je ne pleure plus, mon petit corps épuisé a capitulé.

Je suis le paquet du jour de grève qu'on a déposé là, bravant toutes les barricades.

Ma mère m'a dit qu'elle m'aimait, juste avant que la porte s'ouvre.

C'est la seule chose dont je me souvienne. Mes quatre premières années, dorénavant, sortiront à jamais de ma mémoire.

– 2 –

Les chauves-souris

Le bruit de la porte rouge qui se referme derrière cette mère, postière d'un jour, sera le dernier que je percevrai.

Les sons, à partir de cet instant, me déserteront en un souffle, la poussant au-dehors de cette maison et de ma vie.

C'est en aveugle qu'elle me confiait, quelques minutes auparavant, aux fiancées de Jésus.

Mes yeux sont grands ouverts à présent, je recouvre la vue.

Une autre main s'empare de la mienne. Une main froide, en ce lieu glacial. Une main qui m'entraîne dans un dédale de couloirs sombres, moi le petit garçon, l'ex-aveugle qui ne voulait pas voir, et c'est en autiste volontaire que je fais mon entrée dans ce vaste réfectoire.

Je n'entends plus, ne parle plus.

D'un geste brusque, je récupère ma main, effrayé par les regards interrogatifs qui convergent vers moi, qui me scrutent, me transpercent. Je me tiens là, debout, raide et tout petit, face à ce tribunal.

J'ai envie de crier mais aucun son ne s'échappe de ma bouche. Comme si l'on avait cimenté ma gorge.

Les yeux des femmes grises se ferment. Leurs mains se joignent, les enfants se lèvent, joignent leurs mains à leur tour. Je ne comprends pas ce qui se passe ici.

À présent, les lèvres des femmes bougent, accompagnées de ces signes qu'elles font avec leurs mains. Des signes qui me sont encore étrangers. Puis, d'un coup d'un seul, ils se rassoient.

C'en est trop pour moi. Je franchis la porte, la referme violemment et me mets à courir en hurlant. Je suis un petit garçon de quatre ans qui hurle enfin les sons qui ne sortaient pas de sa gorge scellée de béton armé. Je cours dans ce labyrinthe, cherchant là une porte rouge, là une grille.

Des bras gris me ceinturent, me freinent dans ma fuite, m'élèvent dans les airs puis me reposent à terre.

Je résiste d'abord, pour m'abandonner enfin à ces bras plus forts que moi.

C'est sur un lit de ferraille rouillée que je termine ma course. Une porte claque mais je ne l'entends pas. Je me retrouve là, seul, isolé du monde.

La femme cigogne doit être loin maintenant.

Je m'allonge sur ce lit, fixe le plafond, y devine encore, peut-être pour la dernière fois, les contours du visage de cette mère qui me sourit, de cette maman qui m'a promis que ce ne serait pas long, qu'il fallait que je l'attende, qu'il fallait que je sois sage, qu'il fallait que je travaille bien à l'école si je voulais être quelqu'un plus tard.

Plus tard… C'est quand, plus tard ?

Je suis épuisé, mes yeux rougis se ferment. Enfin la paix…

Demain matin je me réveillerai. Ma maman m'aura préparé mes tartines de confiture de fraise et mon bol de lait chaud. Elle passera sa main dans mes cheveux, me dira qu'elle m'aime. La grande porte rouge, la grille mal huilée et ces horribles femmes grises, chauves-souris, auront disparu à tire-d'aile. Ce ne sera plus qu'un mauvais rêve.

– 3 –

Maudits vendredis sans mot dire

Durant mon long séjour dans cette maison froide et austère gouvernée par une kyrielle de femmes au teint blafard, à la mine triste, où les éclats de rire n'étaient pas de mise, aucune mère supérieure ne m'empêchera de lorgner en direction de la grande porte rouge, de la traverser virtuellement, afin de retourner dans ma vie d'avant. Ne serait-ce que pour ces trois minutes où je pouvais encore me cacher derrière le corps de celle qui venait me déposer là, la sentir encore une fois, la voir, même de dos. Retourner en arrière, juste un instant, le temps de son dernier je t'aime.

Muré dans mon silence, privé de mère, je passais des journées entières à errer comme une âme en panne.

Je me souviens de ces week-ends interminables et solitaires, de ces maudits vendredis tant redoutés où les « placés provisoires », eux, se jetaient dans les bras d'un père ou d'une mère venus les chercher pour le samedi et le dimanche, les libérant de cette geôle. Histoire de leur rappeler qu'ils n'étaient pas seuls et que leur passage ici n'était qu'une parenthèse. Je les regardais s'éloigner, tirés à quatre épingles, dans leurs beaux vêtements du dimanche. Le cœur serré, prisonnier sans parole dans mon uniforme gris, je les voyais disparaître par la grande porte ouverte.

Je restais là, caché derrière un poteau du préau, à guetter, à attendre la fin de l'appel de sœur Victoire qui scandait les noms de famille des enfants et leur annonçait ainsi qu'ils pouvaient partir en permission, dans l'espoir qu'un jour mon nom figure sur la liste. Cela ne se produisit jamais.

Pour le petit garçon que j'étais, c'était toujours le même déchirement semaine après semaine, mois après mois, année après année.

Nous étions trois seulement, placés en garde à vue, à être privés de cette échappée belle, en famille, mais les deux autres et moi n'étions pas très copains. Ils jouaient entre eux. Ils me croyaient muet, je ne pouvais leur être d'aucun intérêt.

J'étais celui qui ne parle pas. J'étais celui avec qui on ne joue pas.

Je me souviens de ces soirs, les week-ends où je faisais ma toilette, seul, face à tous ces lavabos blancs. Il m'arrivait parfois d'ouvrir tous les robinets, de les laisser couler pendant des siècles, assis dos contre le mur, de m'endormir bercé par le bruit des litres d'eau qui s'en échappaient. Un grand coup de pied au cul d'une nonne à la cuisse légère me tirait de ma rêverie, et j'étais privé de sortie pour le week-end suivant. Je m'en foutais pas mal, de toute manière j'étais collé d'office... La vie en avait décidé ainsi, bien avant la mante religieuse. Paroles d'Évangile. Ce serait comme ça chaque week-end, je serais assigné à résidence. Tous les robinets du monde pouvaient couler, cela ne changerait rien à la peine.

Je ne mangeais pas, le vendredi. J'avais le ventre plein de cette grosse boule d'angoisse et de tristesse qui m'éloignait encore et encore de cette mère démissionnaire qui m'avait aussi volé ma voix, mes mots, privé de ses je t'aime, emportant avec elle la promesse qu'elle m'avait faite, en partant, de revenir me chercher.

Pourtant je n'avais rien fait de mal. J'étais un enfant sage, propre sur moi. Après chaque toilette, je faisais ma raie sur le côté droit, comme elle me l'avait appris, puis je donnais du volume à mes cheveux, avec la queue du peigne. C'est vrai que j'avais de grandes oreilles, disproportionnées par rapport à la taille de mon visage. Je me brossais bien les dents, de bas en haut, comme elle me l'avait montré.

Au début, je ne me doutais pas qu'il y en aurait beaucoup, de ces maudits vendredis. Encore bercé par l'espoir de son retour, j'ignorais que cela n'arriverait pas.

J'étais en train de faire, sans le savoir et malgré moi, l'apprentissage de ma vie sans elle. Une vie faite de langueur, de refus.

Une vie sans vie. Pas de pluriel, pas de conjugaison.

J'étais un enfant sage et bien coiffé, un enfant singulier à la conjugaison unique, pas fait pour le pluriel.

– 4 –

Démission

Une mère n'abandonne pas ses enfants parce qu'elle ne les aime pas.

J'ai en ma possession peu d'éléments sur les raisons qui ont poussé la mienne à ce rejet, à cette démission.

La seule chose que je sais, c'est que lorsque je suis né dans un petit hôpital public de Meaux, en Seine-et-Marne, le 18 décembre 1964, mon père n'a pas eu le temps de venir me voir durant les quatre premiers jours de ma vie.

J'étais le quatrième, le « petit dernier », comme on dit, le « bébé », celui que l'on n'attendait pas.

Je peux sentir la solitude profonde de cette femme, sans doute aimante mais mère accidentelle pour la quatrième fois, guettant son homme durant quatre longues journées.

Quatre enfants. Quatre jours. Quatre ans.

Je ne pense pas avoir été désiré. Elle m'a donné par dépit le même prénom que mon père et, de surcroît, elle voulait une fille et l'appeler Angélique.

Comme la marquise... Sauf que mon père n'était pas Geoffrey de Peyrac.

Il avait pris quartier libre, il s'était porté pâle.

Ma mère l'avait connu très jeune, vers l'âge de quinze ans. Un gars de la rue d'une beauté fracassante dont elle tomba immédiatement amoureuse.

Son « sauveur », son premier homme, l'unique, celui qui allait l'arracher à la vie ingrate et harassante qui avait été la sienne.

Aînée d'une fratrie de quatorze enfants, maman n'avait pas eu la chance d'avoir le même père que ses frères et sœurs. À l'époque on appelait ça une « bâtarde ». Sa mère lui fit payer ce statut durant ses jeunes années, où elle fit d'elle non pas une fille, mais la mère de tous ses autres enfants. Ma mère devint ainsi mère de famille nombreuse dès l'âge de huit ans, entre humiliations et coups de tisonnier d'une marâtre alcoolique et violente.

Il me paraît donc très difficile d'imaginer que lorsque à son tour elle devint mère, seule, mon père n'étant que rarement là, elle ait pu trouver la force d'assumer ses enfants.

La fibre maternelle, elle l'avait usée par les deux bouts.

Je pense que le fait de m'avoir abandonné n'a rien à voir avec les sentiments qu'elle me portait. Elle devait juste être épuisée avant l'heure. On lui avait volé sa vie d'enfant, on l'avait dépossédée de sa vie de mère.

Que mon père désertât complètement le domicile conjugal après ma naissance l'avait totalement anéantie ; et c'est à bout de forces, sans doute, qu'elle décida de se séparer de moi. Ses deux fils aînés étaient déjà en apprentissage, ma sœur était dans un pensionnat de filles, je fus le sacrifié.

Elle avait démissionné... Elle n'en pouvait plus de cette vie à laquelle, à plusieurs reprises, elle essaya de mettre un terme.

Je ne pense pas que ma mère m'ait abandonné parce qu'elle ne m'aimait pas, je pense que la vie l'avait abandonnée... elle.

C'est certainement la raison qui nous conduisit, elle et moi, main dans la main, en ce mois de mai 1968, devant la porte rouge de ce village endormi de la Drôme.

J'en suis sûr, cela ne pouvait être un abandon. C'était le geste d'une femme désemparée, incapable d'être mère à nouveau, qui venait, désespérée, demander de l'aide à ces grises fiancées du Christ, pour un instant seulement, le temps qu'elle se remette. Le temps de faire une pause, de retrouver en elle l'instinct de devenir mère.

Mais le provisoire semblait long, très long, au petit garçon. De ces provisoires qui durent.

À l'heure où je couche ces maux sur mon papier ministre, peut-être que ce petit garçon est toujours assis sur sa chaise, les yeux fermés, écoutant le bruit des robes grises, priant pour qu'on l'emmène au-delà de cette grille, au-delà de cette porte rouge, vers sa vie d'avant, celle dont il ne se souvient pas.

Un jour, j'irai sonner à cette porte.

Des verrous crisseront, la grille mal huilée s'ouvrira. Je traverserai ce corridor froid les yeux grands ouverts, me retrouverai face à lui. Alors je le prendrai dans mes bras, lui chuchoterai à l'oreille que je l'aime, que tout cela n'était qu'un mauvais rêve, et je l'emmènerai avec moi de l'autre côté de la maudite porte.

Un jour, peut-être, je lui dirai que la vraie vie est là, à deux pas, de l'autre côté, que la

France a bien changé, qu'elle s'est réveillée depuis, qu'elle a pansé ses blessures, que sa jeunesse va mieux et que quelque part, non loin de là, une femme l'attend, une mère, cette mère, ce rempart, celle-là même qui l'avait déposé là comme un paquet, sans se retourner parce qu'elle ne voulait pas qu'il voie ses larmes.

Je lui dirai que cette mère l'attend, qu'elle l'aime et qu'elle veut le leur crier, à lui et au reste du monde, dire qu'enfin elle est prête, dire qu'enfin elle est devenue forte, dire tout simplement qu'elle est devenue sa mère…

– 5 –

Les gardiens du temple

Dans la cour de récré. Action.

À l'aide d'une branche de fougère étudiée en sciences naturelles sous le nom de polypode, je fais des plans.

Le bac à sable se transforme pour laisser place à une petite maison au toit de chaume.

Il y a quatre fenêtres, pas une de plus, et une porte d'entrée.

C'est moi qui attribue les places.

Je suis le reconstructeur de l'inconstructible.

À la fenêtre gauche du second étage, j'installe David, mon « grand » grand frère.

Le premier étage nous est réservé, à Serge mon « petit » grand frère, à ma sœur et à moi. Je poste mon père et ma mère devant la porte de la maison.

Ils sont les gardiens du temple.

Chacun est à sa place, celle qu'il n'aurait jamais dû quitter.

Le ciel, je le veux d'un bleu profond, comme après l'orage.

Je fais des arbres aussi, quatre, de tailles différentes. Ils étaient petits quand mes parents les ont plantés, ils ont grandi en même temps que nous.

Quatre.

Je fais le Soleil et la Lune, une route et des étoiles, une seule route qui part de la maison et ne mène nulle part, un chien, un chat, une poule, une chèvre et des ânes dans le pré vert.

Je contemple avec fierté le décor de cette vie tant rêvée.

Je suis un ange, j'ai des ailes.

Au-dessus de moi, soudain, des éclairs ; le ciel s'assombrit, un gris métallique vient chasser le bleu profond.

Un vent violent se lève, il souffle, me décoiffe, j'ai du sable plein les yeux.

Il pleut sur le bac à sable.

La cloche qui annonce la fin de la récréation résonne dans ma tête, crève mes tympans.

Je suis seul, mes vêtements sont trempés, j'ai froid.

J'assiste impuissant au naufrage de ma vie rêvée.

Ils ont tous disparu. Effacés. Je suis le seul survivant.

J'ai six ans. Je hurle. Les éléments se déchaînent. Même la nature est contre moi. La pluie et le vent viennent, d'un coup d'un seul, faire de moi, de nouveau, un orphelin.

Dans les sables mouvants je viens de perdre pour la seconde fois cette famille, tout droit sortie de mon imaginaire enfantin, mais j'ai retrouvé ma voix.

Je suis dans la cour de récréation d'une école de religieuses à Upie, petit village de la Drôme.

J'ai six ans. Je crie ma rage et ma douleur. Un déluge de douleur, dont personne ne viendra me sauver.

Je ne croirai plus jamais à l'histoire de l'arche de Noé, je sais que ce n'est pas vrai.

– 6 –

L'oiseau-lyre

J'ai toujours détesté l'école.

Une seule chose attirait mon attention dans la classe aux trente uniformes gris : la petite lucarne qui donnait sur le ciel parfois bleu, parfois sombre, ou blanc les jours de neige.

Je m'imaginais traversant la vitre, tel l'oiseau-lyre.

Prendre mon envol.

M'échapper de cet endroit qui empestait les odeurs de crayon de bois, de colle blanche et d'encre dans les petits pots bleus.

J'avais une aversion particulière pour le bruit grinçant de la craie sur le tableau et par-dessus tout pour la voix nasillarde de la sœur qui m'appelait par mon nom de famille, afin de me sortir de mes rêves et de ma lucarne magique.

Cela ne faisait aucun doute : un beau jour,

l'oiseau s'envolerait et briserait cette vitre, seul rempart le séparant du monde qu'il voulait parcourir.

Ce jour-là viendrait, l'oiseau le savait, seulement ses ailes étaient trop petites pour l'instant.

Il fallait donc attendre encore et encore, avant de prendre mon envol.

Adieu craies, colle, encre, crayons, règles et équerres.

À Dieu voix nasillarde.

Adieu l'enfance, mais pas trop vite…

Tout vient à point à qui sait…

Comprendre, attendre, attendre…

– 7 –

Adolescence

Cela fait déjà longtemps que j'ai quitté les femmes chauves-souris pour une fratrie recomposée, au sein de cette maison d'enfants gérée par l'In-assistance Publique, « Les Sorbiers », au Chambon-sur-Lignon.

Dans ce village de la Haute-Loire cerné par des forêts généreuses en polypodes, cèpes, myrtilles et mûres, dans les champs environnants, tapis jaune de jonquilles au printemps, tapis blanc de neige en hiver, pas d'histoire de réchauffement climatique : la nature se donne, généreuse et fidèle, en toute saison. Un département au climat sec et rude, agricole et champêtre.

Les forêts abritent çà et là quelques résidences secondaires, qui furent très vite l'objet de toutes nos attentions.

Le Chambon-sur-Lignon. Petit village perché à mille mètres d'altitude, entre l'Ardèche et la Loire.

Le Chambon-sur-Lignon, Les Sorbiers et leur port du short en cuir allemand, verdâtre, aux lacets serrés, abandonné sur le chemin de l'école et caché dans les fossés, récupéré entre midi et 14 heures, sec ou mouillé selon le temps, pour le retour au bercail. Uniforme obligatoire, mais pas forcément du goût du « gang de Lille » et du « gang des gitans ».

Le Chambon-sur-Lignon, réputé durant la dernière guerre pour avoir sauvé beaucoup d'enfants juifs des dents acérées de « l'Ogre blond » au regard d'acier.

Tante Sylvia, femme gironde, tout droit sortie de l'univers de Botero.

« Tante Sylvia », tel est le nom de notre mère de substitution, femme de Samuel Dubois, pasteur de son état. C'est une « forte femme forte », tenant tête à tous contre vents et congères. Directrice, mère louve de la pire des maisons d'enfants du département de la Haute-Loire.

Résidences secondaires obligent, nous en visitions en moyenne deux par jour, sans permis de visite, et repartions souvent avec de bien maigres larcins : sacs de billes et bibelots en tout genre, négociés à bas prix sous le préau de l'école avec les mômes des riches.

Les Sorbiers, maison d'enfants sous haute surveillance. En moyenne quatre descentes par semaine de la brigade de gendarmerie, avec pour seul bouclier le corps lourd d'une Tante Sylvia solide, mais fatiguée de porter à bout de bras sa bande de délinquants juvéniles.

Mes camarades d'infortune appartenaient au « gang de Lille » – huit frères et sœurs issus pour la plupart d'unions consanguines, « niqueurs » de poules en puissance –, et au « gang des gitans », cinq frères venus des Saintes-Maries-de-la-Mer, tous plus terribles les uns que les autres, défendant coûte que coûte leurs origines. En quelque sorte mes cousins proches, puisque je suis moi-même d'origine manouche hongroise, bien que mon grand-père paternel porte le prénom d'Ismaël.

Ne m'en demandez pas plus. À l'heure où j'écris ces lignes, je n'en sais toujours pas davantage sur ma provenance et mes racines, n'ayant jamais vu mon livret de famille. Les seuls renseignements m'ont été susurrés du bout des lèvres, lorsque je l'ai revue, entre deux dépressions nerveuses et trois tentatives de suicide, par cette femme brune aux grands yeux noirs, ma mère, dont les récits différaient selon son état. Un jour une histoire... le lendemain une autre.

Un jour elle avait été l'aînée d'une fratrie de quatorze enfants vivant avec sa mère alcoolique, ma grand-mère donc, Joséphine Munch, qui « choyait » sa fille aînée à coups de tisonnier ; un autre jour elle était fille d'un éminent docteur espagnol portant le nom de Herrera. Ce qui faisait de moi un enfant à part, fantasque, tantôt petit-fils d'une sorcière alcoolique, battant ma mère comme dans tout bon roman de Zola, tantôt le descendant d'un grand médecin espagnol, imaginé sans doute uniquement dans le but de parfaire mon éducation et non pour des raisons tristes de mélodrames jonchés de personnages aux destins tragiques.

La réalité, si floue soit-elle, était différente : « origine gitano-juive ». Et je ne peux m'empêcher de penser que, vingt ans auparavant, j'aurais été un gibier de choix pour les agents de la Gestapo. J'aurais certainement fait partie de ces farandoles d'enfants cachés, soustraits au regard des tyrans grâce au courage des habitants.

Le temps a passé, les Allemands nous ont débarrassés du bruit de leurs bottes luisantes et de leurs cris de chiens hurlants. Je me retrouve des années après avec mes origines, tel un réfugié, mais l'occupant a pris un autre visage, celui des Sorbiers, de leurs uniformes vert-de-gris, de cette « Assistance » qui a des airs d'emprisonnement.

J'entre en résistance...

La lutte promet d'être rude. La lutte contre la vie qui s'abat sur mes frêles épaules, et qu'il va falloir combattre, affronter. J'ai un rendez-vous que je ne peux pas louper.

Un rendez-vous avec la liberté...

Cela prendra du temps mais je tiendrai bon.

Le glas de l'âge des premières fugues vient de sonner, il résonne tel un gong de moines bouddhistes ; mes oreilles aujourd'hui en ressentent encore les vibrations.

Mouvement...

Je ne ferai pas, ici, l'état des lieux de mes nombreuses échappées belles, trois seulement m'ont profondément marqué et ont été déterminantes dans cette bataille de résistant en quête de libération...

– 8 –

Au nom des « pères »

C'était le jour béni où, à l'arrière de l'église du Chambon-sur-Lignon, je grillais en cachette mes P4, ces cigarettes « parisiennes » vendues par paquets de quatre.

C'était le dimanche.

C'était le jour où en bon petit catholique, j'avais pour devoir de me rendre à l'église où il m'était ordonné, en tant que paroissien « modèle », d'aller prêter main-forte à mon « père ».

Ma mission si je l'acceptais : me vêtir d'une longue robe blanche, sans rien y comprendre, et me tenir planté là, à côté de l'autel, face à des ouailles endimanchées venues expier leurs crimes de la semaine et qui se frappaient la poitrine d'un air convaincu et contrit.

Je restais debout durant des heures à observer

ces gens à la mine triste et repentante. C'était dimanche, je connaissais tous ces « maudits » qui risquaient l'enfer, je les croisais quotidiennement, à l'école, à la boulangerie, à l'Armée du Salut, au catéchisme.

Ils venaient apparemment quémander l'absolution.

D'ordinaire ils ne s'aimaient pas, pas plus qu'ils ne nous aimaient, moi et mes semblables des Sorbiers, mais là, dans cette église catholique, ils n'étaient plus les mêmes, ils avaient l'air de s'aimer plus qu'à l'accoutumée, assis sur les bancs de bois.

Aime ton prochain.

Leurs regards, lorsque mon « père » s'adressait à eux dans un dialecte que je ne comprenais pas, s'illuminaient.

Cet homme devait être sorcier : ses mots étranges transformaient en un instant tous les haineux de la semaine en êtres bienveillants et aimants.

Ils défilaient alors devant mon « père » qui leur glissait sur la langue une pastille blanche suspecte, et ils le remerciaient d'un large signe de croix.

« Au nom du Père… »

Encore un invisible.

« Amen. »

Je suppose que cette pastille blanche déposée sur leur langue, agrémentée de quelques formules magiques, devait avoir sur la petite communauté un certain pouvoir. Je pensais à Merlin l'Enchanteur tout en me disant que monsieur le curé avait de la chance que l'on ne brûlât plus les sorciers en place de Grève, il aurait probablement fini rôti.

Un peu auparavant, je m'étais acquitté d'une tâche dont je savais qu'elle ne serait pas ingrate, et dont je conserve un souvenir ému. La tête haute, prenant garde de ne pas m'emmêler les pieds dans ma robe, je me faufilais à travers les allées, tendant à bout de bras ma petite corbeille.

Là, sous l'effet du dialecte du père, les porte-monnaie s'ouvraient, billets et pièces pleuvaient. Quand j'arrivais au fond de l'église, un miracle s'était produit.

Un véritable « jackpot », ma corbeille pleine.

J'avais alors pour ordre de disparaître par une porte dérobée, afin de déposer dans l'arrière-boutique le fruit de ces offrandes. Je n'oubliais pas au passage de m'en foutre plein les poches, n'étant pas moi-même sous l'emprise des mots que je ne comprenais pas.

J'étais venu faire un « extra », vêtu de cette robe ridicule, cela méritait salaire.

Je me gardais bien de demander quelque autorisation que ce soit au « père » et au « Père » que j'étais venu servir. De toute façon, l'un était trop occupé à prodiguer dans cette langue bizarre qui n'appartenait qu'à lui son charabia dominical ; quant à l'Autre, dont il implorait le pardon toutes les trente secondes, je l'avais cherché mais ne l'avais pas trouvé.

Pas vu. Pas pris.

C'est donc les poches pleines que je me débarrassais de mes oripeaux et que, après la cérémonie de la pastille, je partais en courant, avec mon précieux butin, acheter bonbons divers et gâteaux à la crème. Sans oublier le bureau de tabac. J'y entrais en me tenant droit comme la justice, l'œil dur, pour avoir l'air plus grand, plus homme, et je demandais mon paquet du dimanche, mon paquet de P4. Je m'empressais d'aller le fumer derrière l'église, histoire d'attendre que le son du clocher annonçant la fin du « rite » de cette secte me libère de mes obligations.

J'avais fait mon devoir, accompli ma mission, et je regardais avec curiosité les membres de la secte qui, à peine passée la porte du lieu saint, redevenaient eux-mêmes. Le pouvoir de la pastille devait être de courte durée. Ils me toisaient à nouveau de cet air qui m'était familier et qui semblait dire : « N'oublie surtout pas d'où tu viens… »

S'ils avaient su à quel point je ne l'oubliais pas !

De toute façon, ils pouvaient bien penser ce qu'ils voulaient, ils venaient de payer le prix de leur condescendance.

À l'aide de leurs deniers, je pouvais m'offrir un monde meilleur.

P4, bonbons et gâteaux…

C'était le dimanche.

Amen…

– 9 –

Parenthèses

Au Chambon-sur-Lignon, il m'arriva de devenir l'otage de l'autocar que j'attendais tant, espérant voir en descendre cette mère qui ne venait jamais.

Je n'étais pas encore sorti du « provisoire » qu'elle m'avait promis lorsqu'elle m'avait livré aux jupes grises. Ce jour où je l'avais regardée disparaître, avec cette envie folle de la voir se retourner, ce qu'elle ne fit pas.

Je sais maintenant pourquoi. Je sais qu'elle pleurait, oui, c'est certainement ça, elle devait pleurer. Elle m'avait bien dit qu'elle m'aimait, mais je n'entendais pas, ou peu, ses paroles.

« Je t'aime mon bébé... »

« ... Provisoire. »

Les deux seules phrases que j'avais perçues, un seul mot dans la deuxième.

La première phrase, je l'ancrai en moi avec cette impression d'une première et d'une dernière fois, comme si elle était venue me déposer là pour ne plus avoir à me la dire… jamais.

Quant au mot « provisoire », je m'en fis une bouée. Pas une de ces bouées en plastique bleu avec des nageoires et un bec de canard, non. Plutôt le genre grosse bouée noire, chambre à air de camion, la même que celle dont on nous affublait lorsque nous allions patauger, le jeudi, dans les lacs des bases nautiques au milieu des forêts.

« Provisoire » fut ma première chambre à air de camion. Je m'accrochai à elle des années durant, mais le provisoire durait. Je me mis alors à rêver de rouler sur un clou, de crever, de tomber en panne sur le bas-côté d'une route, sans rustine pour la réparer.

Faute de faire cesser le provisoire et de retrouver ma mère pour toujours, je dus me contenter de courtes parenthèses, sans permission. À partir de 1972, date de mon transfert au Chambon-sur-Lignon, jusqu'au moment où je rejoignis mon matricule 507 du patronage de Sauzet, il m'arriva donc d'aller passer, chez elle, le temps de courtes fugues, des petits séjours non autorisés, bravant les interdits de l'acte d'abandon qui la débarrassait de ses devoirs de mère.

Pour cela, il me fallait devenir l'otage volontaire de cet autobus que j'allais vaillamment prendre à 5 heures du matin sur la place du village. En hiver les départs étaient souvent retardés car le chauffeur devait équiper les roues d'énormes chaînes, à cause de la neige. Et le voyage était long.

Très long...

Je me souviens encore de l'odeur du bus, du froid qu'il y faisait, du bruit du moteur, de tous ces villages traversés, de tous les lieux-dits, des centaines d'arrêts à tous ces Abribus de fortune, afin de ramasser les élèves aux joues rougies par le froid matinal, grelottant sur le bord des routes, cartable au dos, pour les déposer un peu plus bas, vers Lamastre, devant les grilles de leur lycée.

Quand je sortais la tête d'un des sacs en papier que je remplissais à chaque virage, je les observais, imaginant leurs vies. D'où étaient-ils sortis avant que le car ne les ramasse, petits bonshommes de neige givrés, sur le bas-côté de la route ? Avaient-ils englouti un petit déjeuner copieux, préparé par une mère aimante ? Les avait-elle serrés dans ses bras avant de les pousser dans le froid ? Étaient-ils tristes de partir pour la semaine en internat ? Avaient-ils un père, des frères, des sœurs, étaient-ils aimés comme il se doit, étaient-ils plus heureux que moi ? Ils paraissaient avoir une vie normale.

Au fait c'est quoi, une vie normale ? Je les regardais, ils ne semblaient pas plus gais que mes camarades d'infortune, les « gitans » et les « ch'timis », ils avaient même l'air moins éveillés.

Est-ce que la vie de famille rendait les enfants plus heureux, plus vivants, ou plus endormis ?

Je me demandais ce qui pouvait les différencier de moi.

Après tout, moi aussi, il m'arrivait d'attendre dans le froid, la nuit, mon cartable lourd sur le dos.

Se posaient-ils les mêmes questions à mon sujet ? Quand je dis que j'étais l'otage de ce car, c'est parce que c'était un véritable calvaire pour moi, parce que j'étais malade comme un chien, appréhendant le moindre virage, le visage enfoui dans mon sac en papier. Je me cachais derrière le fauteuil à l'abri des regards, et je me vidais discrètement, feignant une sale toux.

Jusqu'à ce que nous dépassions, enfin, la ligne de démarcation, la ville de Lamastre, synonyme de la fin de mon chemin de croix. En effet, à partir de là, la route abandonnait derrière elle ces lacets sinueux et ces virages incessants, pour laisser place à des tracés bien droits jusqu'à destination : Valence.

C'est là que ma mère vivait.

La première fois que j'avais débarqué chez elle à l'improviste, un peu hagard après ce voyage tourmenté mais si fier de ma prouesse, si heureux, tellement en attente, j'avais eu droit à une étreinte tardive. Son premier regard avait trahi une vague contrariété. Depuis, à chacune de mes irruptions, elle faisait, comme on dit, contre mauvaise fortune bon cœur.

Elle m'embrassait tendrement, mais jamais ne me demandait comment s'était passée ma semaine, et pour cause, cela faisait souvent des mois que l'on ne s'était vus.

Nous n'avions en général que deux jours, deux tout petits jours !

Je me souviens que la veille de certains retours au pensionnat, mon estomac se nouait. Encore aujourd'hui, les départs me font cette impression de petite mort. Il m'arrivait d'attendre qu'elle s'endorme pour reculer, sur le réveil de sa table de nuit, l'aiguille de l'alarme afin de louper ce maudit bus qui m'éloignerait d'elle. Une fois de plus…

Au début cela marchait, et je m'arrangeais dans ces cas-là pour rester bien au chaud, au fond de mon lit, me disant à voix basse : « C'est toujours ça de pris... »

Mais ce stratagème dura très peu de temps. Le réveil fut vite enfermé à double tour dans la table de nuit, et je me retrouvais le cœur en friche dans ce maudit bus qui me volait ma vie, et ma mère du même coup. Je courais dans le fond du car coller mon visage contre la vitre, histoire de la voir jusqu'au dernier moment. Silhouette noire et longiligne gravée dans ma mémoire, elle me faisait de grands signes avec ses mains. Dans ces moments-là je crois bien qu'elle m'aimait.

J'avais eu le bonheur d'avoir une maman durant deux jours, une maman intérimaire, certes, mais une maman pour de vrai, MA « maman ».

J'étais un fils en pointillé...

– 10 –

La mue

Me souvenir des instants précieux et volés, quand je m'enfermais à double tour dans la salle de bains chez ma mère, au son du robinet, me travestissant à l'aide de ses fards dans le miroir grossissant.

Mes lèvres deviennent pulpeuses sous le rouge à lèvres carmin.

Devenir un autre… une autre, qu'importe le sexe, être un autre que moi.

Disparaître peu à peu face à ce miroir, y chercher l'Autre, sous la lumière du néon blafard, dans un nuage de buée dû à l'eau chaude qui s'échappe du robinet.

Me souvenir de ces instants où l'ancien petit garçon s'efface peu à peu sous les fards de sa mère, et où je m'interroge.

Cela est sûrement dû à la période de transition que je traverse, quittant peu à peu ce môme mal dessiné, dont on devine à peine les contours, et dont je n'ai à ce jour pas encore fait tout le tour.

L'adolescence floue d'un enfant de même pas treize ans qui grandit sans repères, ni père, ni mère, ce moment où l'homme est censé prendre le dessus sur la femme, ou sur la « chose ».

Créature androgyne s'il en est, égarée, troublée par l'image féminine indéfinie que lui renvoie le miroir, et par cette « chose » qui grandit à vue d'œil et se couvre de poils, à l'intérieur de mon short allemand.

Et puis il y a aussi ces boulangères qui m'appellent « mademoiselle » en me rendant la monnaie. Malgré tous mes efforts pour la pousser dans les graves, ma voix persiste à flirter entre les doux et les aigus. Et j'ai les cheveux longs.

Bataille des hormones, la mue n'a pas encore fait son ménage de printemps.

Il faut que j'en aie le cœur net.

Un jour je décide d'ouvrir les portes. La porte de la salle de bains d'abord, abandonnant derrière moi cette ambiance hammamesque…

Éloignement volontaire de ce miroir grossissant où j'apprends à disparaître pour devenir un, une autre…

J'ouvre donc la porte de la salle de bains, nous libérant, les vapeurs d'eau chaude et moi, fermement décidé à savoir.

Ma mère dort déjà, il doit être 19 heures.

C'est à pas de loup que j'ouvre la seconde porte, celle derrière laquelle, sûrement, se cache la vérité.

La porte qui donne sur ce monde que je ne connais pas.

Il m'accueille dans ses rues, au ras de ses immeubles, moi, sorte d'hybride grimé, me laissant le choix de la ou des directions à prendre.

C'est au bord du canal de la rue Faventines, qui s'étire jusqu'au centre-ville, longeant les rues piétonnes, que je fais mes premiers pas dans cette nouvelle vie, dans cette nouvelle ville qui ne me connaît pas.

C'est dans l'eau du canal sur lequel je me penche que, pour la première fois, je vois en me regardant quelqu'un qui m'est étranger.

Tel Narcisse je m'observe longtemps, avec un certain plaisir, mais ne me noie pas.

Maintenant je cours, puis je m'arrête net, je cherche encore dans l'eau ce visage multiple, si peu familier, savant mélange de ces deux visages tant aimés. Mi-homme mi-femme, visage du père et visage de la mère mêlés, tant désirés, perdus puis retrouvés, je me sens, d'un seul coup… moins seul.

Je les porte tous deux avec moi, avec une force qui m'étonne.

À présent je marche d'un pas alerte et plus assuré, la tête haute, défiant les passants à qui je souris, sourire qu'ils me rendent, sans apparemment se poser de questions, malgré le maquillage.

Mes pas, ce jour-là, me conduisent par le plus grand des hasards dans le bas de cette ville où je n'ai jamais mis les pieds, au-delà des rues piétonnes.

Et c'est avec mes deux visages que je fais mon entrée dans le dédale des jardins du parc Louis-Jouvet de Valence.

Je distingue au loin des silhouettes diaphanes que je suis, tel un automate, sans savoir où je vais.

Je me retrouve soudain devant l'entrée des pissotières, sorte de « bunker » planté là, à l'abri de la verdure.

Un monde nouveau s'ouvre à moi, fait de douceur avide et de misère attachante, d'odeurs de peaux et de sueurs mêlées, espace glauque sans repères, sans lumière et sans identité.

C'est dans cette pénombre que, en toute ingénuité, je vais laisser filer mon innocence.

Dans la nuit noire me frôlent avec frénésie des visages, des corps étrangers, des corps grands, massifs, des corps de vieux, d'autres plus fluets, certains passifs, quelques-uns plus actifs, plus entreprenants. Je suis devenu l'objet d'une transe exceptionnelle, de toutes les attentions, le roi d'une assemblée qui m'aime, j'ai enfin l'impression d'exister.

Je ne bouge pas, je ne touche pas, je reçois les hommages et je m'offre. Je les veux tous. J'ai besoin de les sentir proches, de me réchauffer à leur chaleur, d'oublier le froid qui m'habite depuis si longtemps. À part les rares fois où ma mère, lors de mes visites peu souhaitées, m'a serré un instant dans ses bras, personne, depuis huit ans, ne m'a effleuré d'une caresse.

Frêle silhouette, c'est au milieu de cette armée des ombres que je me laisse glisser jusqu'à m'endormir épuisé, à même le sol, mouillé, souillé…

Quelque chose vient de se passer.

Au réveil, j'ai froid.

Je dois courir à travers les arbres et les taillis, grimper par-dessus les grilles fermées pour la nuit. Bravant gardiens et chiens muselés, je remonte les rues piétonnes, me faufile dans le centre-ville, longe le canal de la rue Faventines, sans prendre le temps de me pencher sur ce miroir laqué, à moins que mon reflet, désormais, ne me fasse peur.

J'arrive au petit matin dans l'appartement endormi.

C'est à pas de loup-garou que je passe devant la porte de la chambre où dorment ma mère et son nouveau mari, un Allemand, ancien aviateur durant la Seconde Guerre mondiale.

Cette fois, j'ose affronter le miroir.

Quelque chose a changé. Celui, ou celle, ou ceux que j'ai laissés hier au soir ont disparu, laissant la place à un autre.

Le maquillage a coulé, noyé dans tous ces visages, ces corps, cette sueur, ces peaux éponges, les mêmes dont on se servait à l'école pour effacer la craie sur les tableaux.

Dans les pissotières du parc Louis-Jouvet de Valence, je suis devenu un autre que moi.

J'ignore encore si c'est bien ou mal.

– 11 –

Du sang rouge vif sur la neige blanche

Une fois de plus, je monte dans cet autobus.

Une fois de plus, je refais le trajet en sens inverse.

Une fois de plus je descends de cet autobus.

Mais je ne suis plus le même. Il faut que je lui parle maintenant. Tout de suite. Le téléphone fera très bien l'affaire.

Il faut que je lui dise que le temps a passé, que je ne suis plus le petit colis qu'elle a déposé.

– Maman, il faut que je te parle.

Elle me raccroche au nez.

Bip... Bip... Bip... Bip...

Ce qui se passe ensuite, j'en porte encore les stigmates...

La porte vitrée de la cabine téléphonique me renvoie une image floue de mon nouveau moi.

Je cherche mon regard. La place est déserte. Je suis seul. Un douloureux sentiment d'abandon me gagne, m'engloutit, je disparais physiquement.

Je suis un être invisible à mes yeux, aux yeux du monde, à ceux de ma mère.

Il faut que je la rappelle, qu'elle sache, qu'elle me dise quelque chose, qu'elle comprenne... Je glisse dans l'énorme téléphone à sous l'unique pièce qui me reste en poche. Et ce salopard d'appareil me la bouffe ! Lui aussi me raccroche au nez ! Je me sens maudit, le stress me gagne. Je viens de muer, je suis un autre et je n'existe plus pour personne. Je secoue comme un forcené la grosse caisse du téléphone, sans succès. Je cherche encore mon visage dans la porte vitrée de la cabine, en vain. Je ne suis plus rien, je ne suis plus un être de chair et de sang, il ne subsiste plus aucune trace de moi.

Je lance un coup de poing rageur dans la vitre de la cabine téléphonique. Le sang gicle aussitôt, la cabine vire au rouge carmin.

Je respire à pleins poumons et pars en courant comme un fou à travers le village désert en hurlant :

– Je veux pas mourir !

Je cours, je cours, je cherche quoi ?

Je crie à l'aide. Je me vide de mon sang, je cours…

Je cours, me retourne enfin, et vois derrière moi cette trace rouge vif dans les rues du Chambon-sur-Lignon.

Je redeviens un être de chair et de sang qui s'échappe.

Je me matérialise tout en me vidant de ce sang.

Le sang, les rues qui défilent, mes cris, puis bientôt les cris des autres, je vois la trace rouge sur la neige de mon passage ici-bas.

Je suis en vie. Je tombe. Je m'échappe.

Je passe du rouge au noir.

Rideau…

« Au secours maman, je saigne. »

Je te cherche en vain, maman. Regarde : mon sang coule, rouge, sur la neige blanche.

Dieu, entends mon cri ! Réponds à ma détresse…

J'ai besoin d'une mère jusqu'à en mourir, j'aurai cette mère, mais pas celle que je voulais…

J'aurai cette mère, la fiancée de Jésus.

Mère Sainte-Florida entre dans ma vie.

– 12 –

Chiffonnière du cœur

Nerfs et tendons sectionnés, quatorze points de suture à la main gauche. Six mois d'attelle, autant de rééducation. C'est ainsi que j'ai débarqué, pour une convalescence qui devait durer une année, dans une jolie maison au milieu des bois tenue par les religieuses de Notre-Dame du Lou-Boissillou, à cent mètres seulement des Sorbiers, où je rentrais dormir tous les soirs.

J'avais vu noir et laissé mon sang rouge souiller la neige blanche, après que mon poignet eut cassé, violemment et volontairement, avec la force du désespoir, la vitre de la cabine téléphonique.

Non je ne voulais pas mourir. Je l'avais crié, en dévalant comme un fou les ruelles en pente du village.

On m'a dit plus tard que j'étais tombé, que des hommes en blanc étaient arrivés, qu'ils m'avaient transporté, qu'une sirène avait résonné, puis plus rien…

J'y avais gagné une attelle de fer, mais surtout un an sans devoir aller dans la maudite école du village.

Une toute petite bonne femme, religieuse vêtue de gris, était venue m'accueillir…

Je fus aussitôt frappé par ce visage transparent, tant elle avait la peau blanche et diaphane, et en particulier par ses yeux, si expressifs. D'un geste de la main, sans me toucher, elle m'invita à la suivre, ce que je fis non sans traîner la patte.

Au fond du parc, il y avait un pavillon. Elle me fit entrer, et là, horreur, m'introduisit dans une… salle de classe !

« Voilà, je vous présente André, il a eu un accident, ne peut donc plus se rendre à l'école du village, il va passer du temps parmi nous, nous devons l'aider à rattraper son année scolaire…

– …

– Assieds-toi où tu veux… »

Il y avait des places disponibles au premier rang, face à son bureau : c'est bien sûr au dernier rang que je décidai de m'installer, près de la porte de sortie, sans un mot. J'eus quand même le temps d'apercevoir à la commissure de ses lèvres un léger sourire, qui semblait dire : « Tu peux te mettre au dernier rang, mais c'est au premier que tu finiras, je t'y amènerai en douceur, tu y viendras de ton propre chef sans que je te le demande, tu verras... »

Et moi de lui répondre, dans ma tête : « Cause toujours tu m'intéresses... »

Dans les jours qui suivirent, nous passâmes notre temps à nous observer, nous jauger. Depuis mon retour de l'hôpital, je m'étais muré dans un silence quasi religieux, ça tombait plutôt bien, j'étais dans leurs murs...

Il devait y avoir cinq ou six élèves, pas plus, dont je ne me souviens pas...

La seule chose dont je me souvienne, c'est elle. Elle qui, au fil des semaines et des mois, m'entrouvrait à la vie, sans bruit ni violence, sans fureur mais avec douceur, l'extrême douceur de cette petite bonne femme qui derrière son bureau fabriquait des poupées de chiffon, des Pierrot dont elle dessinait avec une grâce étonnante le visage empreint de poésie, aux yeux d'une infinie bonté, comme les siens d'ailleurs.

Chaque fois que je levais les miens sur elle, je voyais son regard posé sur moi. Même lorsqu'elle dessinait ou cousait, ce n'était pas son ouvrage qui la préoccupait, c'était moi. Et peu à peu, je me rapprochais.

Je me déplaçais tel le fou sur un échiquier, de case en case, j'étais désormais passé du dernier rang au milieu de la classe. Je ne parlais toujours pas, elle ne me parlait pas non plus, respectant ce silence que j'avais imposé.

Mais ce qui arrivait allait bien au-delà des mots, tellement plus fort que toutes les plus belles tirades de la Terre.

Ce n'est pas moi qu'elle scrutait avec ses yeux malicieux. Elle en voulait à mon âme, elle allait voir au plus profond de moi sans jamais prononcer une parole. Elle lisait mes souffrances en silence, avec cette expression qui n'appartenait qu'à elle.

La petite fiancée de Jésus avait eu raison.

C'est face à elle, au premier rang, que je m'installai un jour, apprivoisé mais pas complètement. En m'asseyant, je l'ai regardée du coin de l'œil, insolent, l'air de dire : « Ne crie pas victoire trop tôt ma cocotte, le fait que je me mette là, au premier rang, ne signifie rien. »

Tu parles…

Je suis sûr qu'elle a deviné ce que je pensais car j'ai retrouvé à la commissure de ses lèvres le même petit sourire que le jour de mon arrivée, lorsque j'avais choisi d'élire domicile au fond de la classe...

Elle avait gagné, là où tant d'autres avaient échoué. Elle le savait, sans en tirer gloire. Dans nos dialogues muets, durant ces huit mois, c'est à travers Dieu qu'elle m'avait atteint. Les mots ne l'avaient pas désertée, mais c'est à Lui qu'elle parlait, à travers moi et ses poupées de chiffon.

Elle savait très bien ce qu'elle cherchait et ce, depuis le début : elle n'avait pas droit à l'erreur, l'échec ne faisait pas partie de ses objectifs.

Ses poupées de chiffon n'étaient plus, désormais, que des figurants dans la pièce qui se jouait entre elle et moi. L'objet de toutes ses pensées, de toutes ses attentions, de toutes ses prières, c'était moi. Et elle me rendit la foi à travers ses silences et ses non-dits. Elle me rendit aussi à la vie, moi le petit pantin cabossé avec mes points de suture et mon attelle au poignet. Nos silences perdurèrent. Ils étaient si parlants qu'il n'y avait rien à ajouter.

Même nos adieux furent silencieux, elle respecta le pacte jusqu'au bout.

Elle avait recousu mon cœur, accroché un sourire sur ce visage triste. Elle m'avait accordé le droit de me taire, avait soigné mes plaies.

À présent je prenais congé d'elle, elle me rendait à la vie des autres, à la vie des mots.

Jamais je ne l'oublierai.

« *Mère Sainte-Florida de Notre-Dame du Lou-Boissillou, ma petite chiffonnière du cœur… je vous aime. Priez pour moi, pauvre parleur…* »

– 13 –

La forêt blanche

De mes années d'adolescence, je garde une sensation de lenteur.

Lenteur des aiguilles de l'horloge du village.

Sur le chemin de l'école, je continuais de me débarrasser de mon cauchemar verdâtre, le fameux short allemand dans lequel mes jambes arboraient, pas fièrement, l'allure de deux baguettes de mikado. Puis je passais des heures assis, « jusqu'à la fin de ma vie », dans la salle de classe, sur mon petit banc de bois, les yeux rivés sur la lucarne à guetter l'oiseau-lyre et la sonnerie salvatrice annonçant la récréation.

Heures sans fin à attendre, attendre, attendre.

Un signe, une lettre de mon père par exemple, qui se rappellerait, du fond de sa cellule, qu'il a un fils. Un jour, ma mère m'a dit qu'il était en prison. Un peu comme moi, au fond. On était tous les deux enfermés. Ça m'a secoué. Depuis, je guette ses lettres, si rares, tamponnées du cachet à la fleur de lys de la maison d'arrêt de Caen.

J'attends les lettres à la fleur de lys, j'attends mon père...

J'attends l'autobus sur la place du village, j'attends ma mère. Combien d'heures, de jours, de mois, d'années, devrai-je attendre ce car rempli de promesses et sa « libératrice » ?

Je me souviens de cette longue quête d'amour, de cette panne de carburant et de sentiments sangs mêlés.

Les liens du sang...

C'est une bien jolie expression, courte, lourde de sang.

Ils disent tous que le sang, pour autant que l'on soit de la même famille, aurait certains pouvoirs magiques, entre autres celui de nous unir, de nous rassembler.

À la vie, à la mort.

Sang, liens, Père, Mère, Famille. Quelque chose m'échappe. Tout cela me paraît si étranger.

Je dois être une fois de plus l'exception qui confirme la règle.

Qu'est-ce qu'il a de si important, ce sang qui coule dans mes veines et qui nous désunit, ma famille et moi ?

Pas le temps de me poser la question, j'ai plus urgent à faire que de m'occuper de la provenance et des conséquences de ce sang.

Machine à aimer, bloquée, mal huilée, automate déréglé, privé d'amour…

Étranger me va comme un gant.

Je garde en mémoire cet autobus qui jamais ne me ramènera la « grande brune » aux yeux noirs, le cœur empli d'amour et de bonnes intentions.

Je garde en mémoire les battements de ce cœur déjà triste et vieux, résonnant dans ce désert dépourvu de tout sentiment.

Je garde en mémoire ce premier jour où, envahi par tant de lenteur, j'ai senti bouger en moi quelque chose, dans le sens inverse des aiguilles du clocher du village.

Trop long.

Vite… temps, s'il te plaît, arrête de t'arrêter.

Temps, s'il te plaît, file à la vitesse du son.

Temps, s'il te plaît, rends-moi ce qu'on m'a pris.

Je me souviens de la première fois où j'ai dit non à tout. Marre d'attendre cette brune étrangère à l'arrêt du car, fini les baguettes de mikado, prisonnières de ce bout de cuir glacé.

Cassée en mille morceaux, la lucarne de la classe aseptisée.

Je l'avais prédit. J'avais dit qu'un jour l'oiseau briserait la glace. Ce jour-là était arrivé, un je-ne-sais-quoi en moi avait opposé un refus, le premier.

De toute manière la femme brune ne descendra jamais du bus, elle ne viendra jamais me chercher, me « reprendre » comme elle disait, elle ne viendra jamais me dire que c'était une erreur, que la vie a changé.

Je me souviens du moment où j'ai compris cela par excès d'attente. Alors j'ai tourné le dos à cet enfant abandonné au pied du bus, et je m'en suis allé.

Pas à l'école, non. Pas pour toujours non plus, mais pour que cela bouge.

Je m'en suis allé ailleurs, dans un lieu choisi par moi, dans un coin fait pour moi, un monde sans couleur, sans bruit, sans odeur.

Un monde meilleur, sans tache, sans fausse note.

Ce jour-là, après m'être débarrassé de mes oripeaux, avoir mis mes jambes bien à l'abri et au chaud dans un pantalon de velours côtelé, me voilà parti tel un jeune chef scout. Destination le monde sans couleur.

Besoin d'une page blanche.

La forêt sera mon refuge.

C'est ici que j'ai choisi de me rendre pour ma première échappée belle, afin d'y déposer mes excédents de batailles.

Bannis les nuances, les sons, le temps, les nuisances. Seul le spectacle des branches, lourdes et résistantes, qui ploient sous trop de poids de tant de neige, manne blanche, dame blanche, Blanche-Neige mais sans les sept nains, pas de sorcière, pas de reine, pas de pomme rouge, pas de roi, pas de château.

Juste moi, la forêt, les branches lourdes, et ce blanc partout.

Plus besoin de repères.

Je suis venu déposer mon cœur, ma tête et mes entrailles en ces lieux.

Ce petit cœur triste et malade, mais je ne pleure pas.

Tout ici me happe et me ramène au calme,

tout ici me libère de mes chaînes, de cette adolescence qui s'étire, trop longue.

Dans cette forêt, mon esprit s'évade. Je m'accorde le droit de rêver.

Et je décide que rien, désormais, n'aura de prise sur moi. Je décide de vaincre le temps. Il continuera de passer, mais je serai libre d'en faire tourner les aiguilles au gré de mes projets et de ma volonté. Je resterai encore l'otage d'une vie que je n'ai pas choisie, mais je n'aurai de cesse de m'en échapper. Je serai un électron libre, prisonnier de personne, je serai une de ces branches qui ne plient pas. Adieu tristesse et faux amour, adieu ce sentiment de malheur sans fin. Je lutterai autant qu'il le faudra et je ferai naître du néant l'espérance.

Car je suis venu en ces lieux sans bagages, mais pas pour y déposer les armes.

Je demande juste une trêve au temps qui m'a tout volé.

Après, je ne perdrai aucune bataille, aucune guerre.

Une petite musique se faufile à travers les fougères et les branches de sapin.

Je suis la clef de *sol*, ma partition vierge s'étale à l'infini devant moi.

Est-ce que la musique sera douce ? Sera-t-elle forte, violente ?

Je ne le sais pas encore.

En serai-je le chef d'orchestre ?

Une chose est certaine, j'en composerai la mélodie nouvelle, une sonate sans bémols.

Sur des airs ludiques, parfois, je m'enfuirai à pas de loup, ou bien à pas de géant. Plus rien ne sera comme avant. Je ne serai plus jamais seul ; le temps, méchant, ne sera plus jamais long.

Il ne me harcèlera plus, menaçant, freinant ses aiguilles.

Je n'attendrai plus rien de ce temps dont je ne veux pas.

Je noircirai la page blanche et neuve de ma nouvelle vie, m'en allant en rythme, dansant avec mes amies les notes.

Une farandole nous ferons.

De la vie nous ferons une fête, pleine de musique et de couleurs. Nous danserons à tout rompre autour d'un feu de bois géant.

Une farandole nous ferons, tournant jusqu'à l'épuisement, oubliant le temps, ivres et avides.

Célébrant l'instant.

– 14 –

« Le temps des gitans »

Dans la forêt blanche, sans m'en rendre compte, je m'étais ouvert les chemins de la liberté. Et j'avais aussi pris le goût des échappées belles. Je n'allais pas tarder à récidiver.

*

* *

Ce soir-là, dans le réfectoire, j'avale plus rapidement qu'à l'acccutumée ma soupe de légumes, et mon cartable n'est pas resté en salle d'étude. Il est caché à mes pieds, près du banc de bois.

Il est vide, mais pas pour longtemps.

Il y a du troc dans l'air.

Mon sac de billes et de calots, les plus beaux, se vide au fur et à mesure que mon cartable se remplit de victuailles : pains, portions de Vache qui rit, fruits, confitures.

Éric A., lui, avait une autre mission : dénicher une Mobylette dans le village. C'est chose faite.

Éric est le chef absolu. Il est mon aîné de deux ans, et a été élu à l'unanimité chef du « gang des gitans ». Il est aussi mon meilleur ami. Il deviendra ce grand frère dont j'ai été privé, après que nous aurons mêlé nos sangs, à l'aide, comme c'était l'usage à l'époque, d'une lame de rasoir.

Ce soir-là, tout a l'air en ordre.

La cloche annonçant la fin du dîner retentit. Un brouhaha s'ensuit. Des regards complices se croisent, sous l'œil inquisiteur et bienveillant d'une Tante Sylvia toujours sur le qui-vive. Elle ne doit surtout pas se rendre compte de quoi que ce soit. Je reste donc assis le temps que le réfectoire se vide, dissimulant, tant bien que mal, le cartable suspect qui n'a rien à faire là à cette heure tardive, délesté de ses fournitures scolaires et bourré de victuailles.

Par chance, c'est moi qui suis chargé de débarrasser le réfectoire. Je dois également faire la mise en place du petit déjeuner.

Je profite donc d'une courte absence de Tante Sylvia pour balancer mon cartable dans la grosse panière à linge, ne manquant pas de le recouvrir avec des torchons dont elle est déjà presque pleine.

Cette première étape réussie, je m'acquitte le plus naturellement possible des tâches qui me sont imparties.

Éric, comme convenu, récupère la panière de linge sale pour la monter à la buanderie.

Ce soir-là nous allons certes nous coucher comme à l'accoutumée, mais tout habillés, draps et couvertures remontés jusqu'au nez. Nous nous endormons anormalement tôt, d'un œil seulement.

C'est en effet pour cette nuit.

C'est décidé depuis des semaines.

Bientôt nous mettons les voiles, en cette nuit noire et hivernale, chevauchant la fameuse Peugeot 103 qu'Éric a fait sienne quelques heures auparavant, avec pour unique bagage mon cartable sur le dos.

Direction les Saintes-Maries-de-la-Mer, où une tante à lui guettera notre arrivée, une lanterne à la main, dans un campement de gens du voyage.

Cette nuit-là nous chevauchons notre petit bolide bleu, priant le Ciel pour qu'il ne se cabre pas et nous mène à bon port.

Il nous faut braver le froid glacial de ce mois de février, les routes de campagne, peu ou pas éclairées, les chaussées glissantes, la traversée à pied de plusieurs villages, Éric poussant la Mobylette au moteur coupé pour ne pas éveiller les soupçons.

Parce que tout de même, deux adolescents prépubères sur une départementale en Peugeot 103, cartable sur le dos, en pleine nuit d'hiver, ce n'est pas très normal.

Il nous faut également éviter les gendarmeries, nous les Pieds nickelés, raides comme deux bouts de bois, siphonnant tous les vingt kilomètres d'autres cyclomoteurs pour remplir notre réservoir, les doigts gelés, la conduite mal assurée.

Les chutes sont du voyage, jamais graves mais toujours spectaculaires.

Il nous faut parer au plus pressé, car le temps nous est compté. La levée du drapeau aux Sorbiers se faisant à 6 heures, Tante Sylvia aura tôt fait de donner l'alerte, et nous aurons bientôt tous les flics de France et de Navarre aux trousses.

Arrivés vers les 5 heures du matin aux environs de Tournon et n'en pouvant plus de fatigue et de froid, nous remarquons au loin une énorme bâtisse, genre vaisseau spatial scintillant de mille feux dans la nuit, avec deux énormes cheminées crachant de gigantesques flammes.

Après avoir garé notre Mobylette sur le bas-côté de la route, tous feux éteints, nous ne sentons plus nos corps, tant il fait froid.

C'est en fait une usine de métallurgie, et son immense échelle où nos doigts restent collés nous invite à rejoindre le troisième étage. Nous nous retrouvons dans une sorte de hangar traversé par bonheur par les conduits d'une cheminée, et où sont entassées, trésor ultime, des couvertures à profusion.

Couvertures étranges, jaunes, très épaisses mais chaudes, si chaudes…

Je n'ai pas le temps de compter les moutons, lové bien à l'abri, bien au chaud dans nos belles couvertures. C'est dans les bras d'Éric et du beau Morphée que je m'abandonne, me laissant happer par un sommeil profond, profond, tellement profond…

Notre nuit de palace est de courte durée. Nous sommes brutalement réveillés à grands coups de « pompe de sécurité » dans le cul, nous faisant traiter de clochards par des ogres casqués vêtus de combinaisons jaunes, tels des extraterrestres.

Ne demandant pas notre reste, nous déguerpissons à la vitesse de l'éclair.

Notre Peugeot 103, têtue, a décidé de prolonger sa nuit, sans doute trop courte à son goût. Elle ne veut pas démarrer, il nous faut donc la pousser durant plusieurs kilomètres jusqu'au prochain garage, avant de constater qu'il n'y a plus de carburant. Nous en sommes quittes pour repartir à la recherche d'une « brêle » – comme on nommait les cyclomoteurs à l'époque – à siphonner, mais ça c'est le travail d'Éric, moi je porte le cartable, chacun sa mission.

Une fois le réservoir plein, nous repartons. Gaiement serait un peu exagéré.

Nous sommes encore à soixante-six kilomètres du lieu de rendez-vous, mais à partir de Tournon le plus dur est fait. Nous voici dans le sud de l'Ardèche, à la limite de la Drôme... Fini les forêts enneigées, les routes sinueuses, place aux nationales droites avec des stations-service tous les vingt kilomètres.

Ce petit sommeil a été salvateur, mais il y a quelque chose de bizarre : nous nous grattons, l'un et l'autre, comme si nous avions partagé notre lit de fortune avec un gang de puces.

Peu importe, tels deux hérissons nous roulons à vive allure vers les Saintes-Maries-de-la-Mer.

Le jour se lève, au Chambon-sur-Lignon l'alerte a sûrement été donnée.

Nous arrivons aux alentours de 10 heures du matin, notre Mobylette pétaradante rendant l'âme dans un endroit magique digne du monde de Walt Disney : le campement de gitans.

La femme à la lanterne est là. Elle nous fait entrer sans plus attendre dans sa caravane et nous sert deux énormes bols de soupe à la tomate et au vermicelle, au goût si particulier qu'à ce jour elle reste la meilleure que j'aie jamais mangée.

Éric et cette femme parlent une langue qui m'est totalement étrangère, du « rom » je crois. Le bois crépite dans un bon vieux poêle. Je reprends un bol de soupe, puis un autre. Il y a des petits morceaux de viande dedans, j'apprendrai plus tard qu'il s'agissait de morceaux de « nigloo » : c'est ainsi qu'ils appellent communément… les hérissons.

À propos de hérissons, nos démangeaisons vont grandissant et nous découvrons dans un miroir grossissant que nous sommes couverts de minuscules morceaux de verre, plantés à même la peau. Nous en aurons l'explication peu après :

ce que nous avions pris pour de sympathiques couvertures un peu épaisses certes, mais tellement chaudes, s'avérait être des bandes d'isolation en laine de verre. Il nous faudra plusieurs douches et plus de quarante-huit heures pour nous débarrasser de toute irritation.

*
* *

Les jours qui suivent sont pour moi les plus magiques de mes années d'adolescence.

Je ne suis pas dans le temps, ce temps si long qui m'a si souvent pesé, je suis dans la vie, hors du temps.

Les gens sont beaux, si beaux… Je ne comprends pas leurs mots, mais cela n'a pas d'importance. Il me suffit d'ouvrir les yeux et de les contempler… Jamais je n'oublierai ces soirées passées autour d'un feu de bois sur les plages des Saintes-Maries-de-la-Mer sous la protection bienveillante d'une Vierge noire… Jamais je n'oublierai ces femmes trop maquillées, leurs robes à volants qui laissent danser leurs corps jusqu'à la limite de la transe sur des airs de guitare, ni les voix de leurs hommes chantant en s'adressant à Dieu, à la Vierge noire, chantant pour leurs femmes.

Jamais je n'oublierai les visages pleins, magnifiques, de ces enfants aux mines de charbonniers, libres, si libres, qui n'ont rien mais possèdent tout, sous le regard aimant – enfin ! – de ces mères louves au sourire un peu trop doré, certes, mais tellement chaleureux.

Cela existe donc, les mères aimantes, les enfants heureux...

Ma deuxième échappée belle...

En fait, cela va bien au-delà. C'est avec mes racines, avec mes origines, cette fois, que j'ai rendez-vous.

J'ai rendez-vous avec la beauté, avec ces mères aimantes, avec l'amour, en musique et en danse.

Je retrouverai cela plus tard lorsque je reviendrai en ces mêmes lieux assister à la procession de la Vierge noire, et que sur la plage, devant une immense toile de cinéma tendue au milieu de milliers de ces gens si beaux venus du monde entier, les yeux rivés sur la maison qui s'envole dans les airs et au son d'une musique envoûtante, Emir Kusturica lancera son *Temps des Gitans*[1]. Un magnifique hymne à la vie, ultime

1. Film réalisé par Emir Kusturica en 1989, avec une musique composée par Goran Bregovic.

poème s'il en est, en musique, en images, au milieu de tous ces feux de bois à perte de vue.

Jamais je n'oublierai.

Jamais je n'oublierai ce rendez-vous avec la vie, ce rendez-vous avec mes frères roms, manouches, tsiganes, et tant d'autres gens du voyage.

Mais surtout, jamais je n'oublierai ma première rencontre avec eux, grâce à Éric.

Ces gens, mes frères, et ces instants demeureront gravés en moi pour toujours.

S'il est vrai qu'à l'heure du dernier souffle la vie se déroule comme un film, c'est certainement ces images-là que je verrai défiler.

Rendez-vous est donc pris, pas pour trop vite j'espère…

Il n'est pas besoin de mourir maintenant. Je suis jeune et soudain plein de confiance. Cela me rassure d'avoir vu les gens du voyage, si beaux, si pleins de vie, fût-elle faite de bric et de broc. Je suis sûr maintenant qu'il existe des mères aimantes, cela me réchauffe le cœur de savoir que leur sang coule dans mes veines, frères et fils nous sommes et nous resterons, ça au moins on ne me le volera pas…

Le rêve sera de courte durée.

C'est à l'arrière d'un fourgon de gendarmerie

que je regarde s'éloigner puis disparaître ce petit paradis, mais qu'importe, je l'emporte dans mon cœur.

Menottes aux poignets, attachés l'un à l'autre, Éric, deux flics, la Mobylette et moi prenons ainsi congé de ce lieu magique où je reviendrai, je le promets, sans menottes, libre de toute contrainte, une fois cette putain de longue adolescence terminée, débarrassé de mes chaînes.

À présent je m'en fous, je ne serai plus jamais seul, j'ai une famille immense...

Ils peuvent bien faire ce qu'ils veulent de moi, j'ai du sang nouveau qui coule dans mes veines, je sais d'où je viens, en partie, je sais où sont les miens. J'hérite de leur goût pour le voyage, il vient de prendre forme en moi, et s'exprimera plus tard d'une manière différente, à ma façon, fait de courtes évasions et de multitudes de petites vies, fait de plein de noms différents, de mères louves, de pères forts, de frères et de sœurs.

– 15 –

Adieu à l'enfance

Je ne reverrai jamais Tante Sylvia.

Toutes ces années passées aux Sorbiers, entre le gang des gitans, le gang de Lille, les descentes de flics à répétition, la perte de son mari Samuel et la mort accidentelle d'un de ses petits-fils avaient eu raison de madame Dubois.

C'était une femme forte au début ; seulement la vie, à force de lui porter des coups, l'avait comme terrassée.

Elle ne mourut pas, certes, mais durant ma parenthèse des Saintes-Maries-de-la-Mer, la Vierge noire, trop occupée à nous tendre les bras, lui avait tourné le dos : elle venait de faire son troisième infarctus en un an. Il lui fut donc plus que conseillé de cesser toute activité séance tenante : c'était nous, ses petits, ou sa vie. Elle n'eut d'autre choix que de se résigner et de fermer Les Sorbiers.

Je suis certain que ce fut pour elle un déchirement profond et que c'est la mort dans l'âme, en attendant la vraie, qu'elle regagna sa Suisse natale.

Je la remercie d'avoir, durant ces six années, fait ce qu'elle a pu pour nous faire grandir, et de l'amour qu'elle m'a donné.

J'avais presque quatorze ans, et comme il est d'usage dans ces cas-là, je fus « récupéré » par la DDASS de mon département, et « balancé », il n'y a pas d'autre mot, dans ce qu'ils appelaient à l'époque un patronage. Le terme sonnait plus doux que « maison de correction », mais ce que je découvris en arrivant me glaça de la tête aux pieds. C'était le patronage de Sauzet, près de Montélimar, de longs bâtiments en préfabriqué construits à la hâte dans un champ longeant l'autoroute.

Disparus mes « frères de gang », balancés eux aussi comme des paquets dans leurs départements respectifs, Tante Sylvia n'étant plus là pour nous protéger en sortant ses griffes.

Tout cela était bien fini, la page de ce passé trop long se refermait, une autre s'ouvrait. Je venais sans m'en douter de claquer définitivement la porte au nez à cette enfance si longue, qui m'avait tant pesé…

On sait ce que l'on quitte, mais on ne sait pas ce que l'on trouve.

Je n'allais pas tarder à le découvrir…

– 16 –

La dernière fugue

Dans ce « patronage » où je ne fis que passer, un nouveau pseudo me fut alloué. Un pseudo, donc court, sous la forme d'un numéro : 507.

Un numéro n'est pas un prénom. De nouveau, loin de ma chiffonnière du cœur, je n'étais personne.

De toute façon, mon prénom, je n'en voulais plus.

Cet André qui avait tant déçu l'attente de sa mère : une fille, qu'elle rêvait d'appeler Angélique…

Ce quêteur d'amour et de liberté qui, à la moindre éclaircie – mère Sainte-Florida, les gitans –, se voyait renvoyé aux orages de la solitude, il fallait à tout prix que je m'en débarrasse.

Le « petit André » était mort.

Je l'ai mis en terre le jour de mes quatorze ans, au patronage de Sauzet, ce pénitencier où je compris très vite que la nostalgie douloureuse n'était plus de mise : il fallait affronter l'avenir.

J'ai fait les choses en règle.

A.N.D.R.É... Cinq lettres écrites sur un bout de papier soigneusement plié dans ma main moite d'adolescent.

J'ai repéré un coin de terre, fait le trou, déposé là mes premières années, et les ai recouvertes de glaise. Le petit André est mort : bienvenue à Frédéric !

Désormais, je ne serais plus le fils de mon père et de ma mère : je serais le fils de ma propre vie.

J'ignorais que cette promesse faite à moi-même serait difficile à tenir mais, sur le coup, elle m'a aidé à déguerpir.

Il faut dire qu'il y avait de quoi passer la porte une fois pour toutes.

À Sauzet, je m'étais retrouvé confiné dans un dortoir avec de vrais délinquants. Bagarres au couteau et flingues en tout genre étaient légion, ça frappait dur et sec.

J'eus également la joie de toucher de plus près au monde des éducateurs, moi j'appellerais plutôt ça des matons, ce serait plus approprié. Pour éduquer qui que ce soit, encore faudrait-il être éduqué soi-même, ce qui était loin d'être le cas. Je découvrais également un nouveau vocabulaire qui ne faisait pas partie de mon dictionnaire, des mots du genre : « Sale bâtard… fils de pute… j'te nique ta race… j'te la fous bien profond… » et j'en passe !

Je ne m'attarderai pas sur le sujet, pas plus que je ne m'attardai en ce lieu. Ticket gagnant pour la prison, ce n'était pas mon projet. Hors de question que j'envoie à mon tour des lettres tamponnées d'une fleur de lys, à qui d'ailleurs ?

Aussi, par un beau matin, si tant est qu'il y eût jamais de beau matin en ces lieux, prétextant le besoin d'aller à l'infirmerie, je me glissai dans le bureau du directeur du centre, m'emparai de mon maigre dossier et de ma précieuse carte d'identité, passeport s'il en fut vers la liberté, et m'enfuis à pied à travers champs.

Direction ailleurs, direction la vie.

Je n'avais pas la moindre idée de ce qui m'attendait.

II

LIBERTÉ SANS PERMIS

– 17 –

La ville des pas perdus

Bien sûr je me suis retrouvé à Valence. Pas pour me rendre chez ma mère : je n'avais pas envie qu'elle me claque la porte au nez et encore moins qu'elle me remette dans le premier car venu, direction le merveilleux patronage. J'avais pris le bus pour Valence… parce que c'était pour moi la seule destination connue.

L'ivresse de la liberté a fait long feu. Dans ma hâte de quitter l'enfer de Sauzet, j'avais totalement oublié que je ne serais pas libre, mais en fuite. La police à mes trousses, peut-être, et pas en âge de travailler.

Dès ma descente du car, la ville m'a paru changée. Je regardais les rues comme autant de dortoirs : où allais-je coucher cette nuit ? Sous un porche ? Au fond d'une ruelle ? Même pas un manteau pour me servir de couverture. J'étais parti sans rien, voyageur sans bagages : quand on s'évade d'un pénitencier, on n'emporte pas ses valises. Je pouvais toujours chaparder de quoi manger : avec les « gangs » du Chambon-sur-Lignon, j'avais fait mes classes. Quant à proposer mes services à un commerçant, décharger des cageots de légumes sur les marchés, m'improviser plongeur dans un restaurant en panne de personnel...

J'ai tout essayé. Servi à la terrasse d'un café du quartier de la gare, pas très sûr, malfamé, jusqu'à ce que les petits durs du coin s'intéressent de trop près à moi ; livré des pizzas jusqu'à ce que mon employeur me demande, subitement inquiet : « Mais quel âge as-tu, toi ? » ; pris le train pour aller cueillir des pêches en Ardèche, des cerises dans la Drôme, faire les vendanges un peu plus loin.

À chaque fois trois francs six sous, pas de chambre (sauf pour les vendanges), et le regard suspicieux de ceux qui me voyaient trimer ou me délogeaient d'une entrée d'immeuble au petit matin, se demandant – peut-être avec les meilleures intentions – s'il ne fallait pas me conduire au poste pour me « remettre dans le droit chemin » ou rassurer mes parents. Sauf que mes parents se foutaient éperdument de mon sort et que le « droit chemin », si l'on me mettait la main dessus, c'était direct Sauzet.

Donc se méfier des passants, des patrons et de la police, bien sûr, car je continuais à dérober ma nourriture et quelques autres babioles.

Je n'avais toujours pas de manteau. J'en ai subtilisé un, superbe, provenant des Dames de France, dans un centre Leclerc. Même pas le temps de l'essayer : un anonyme m'a vu, a appelé le directeur. Celui-ci m'a d'abord vertement sermonné, puis s'est laissé attendrir quand je lui ai raconté la misère dans laquelle nous vivions, ma mère veuve, mes trois frères et sœur, et moi – le « grand » de la famille. J'étais si content de m'être promu aîné de la fratrie que j'ai dû me montrer convaincant : il n'a pas appelé la police. Mais il a gardé le manteau.

Pour me changer les idées, je traînais le soir dans le quartier de la gare. Là, m'ont expliqué les petits durs, « on pouvait se faire de la thune ». Seulement c'était de la thune opiacée, seringuée, et pas plus qu'avec les voyous de Sauzet je n'avais envie de m'acheter à ce prix un ticket gagnant pour la résidence à la fleur de lys.

*
* *

Je galérais, je ne rêvais plus, je m'ennuyais, j'avais peur du lendemain, et marre du bitume comme matelas.

Alors « naturellement », je suis retourné rôder dans le parc Louis-Jouvet. Mais cette fois en toute lucidité et froide détermination. Je ne serais plus le roi ébloui d'une cour qui s'empresserait autour de moi, m'offrant non de la chaleur humaine – j'étais revenu de mes illusions d'enfant –, mais les pulsions de son désir. Puisque je pouvais être l'objet de ce désir, j'en ferais payer le prix, j'avais faim.

Cela ne me dérangeait pas outre mesure, ni ne me dégoûtait : je m'octroierais le luxe de choisir.

Quant à l'activité en elle-même, elle n'était pas pour me déplaire. J'ai été bouleversé très tôt par les corps, la peau, les odeurs, les sexes tendus. Très tôt j'ai pris conscience que les corps étaient faits pour autre chose que porter des shorts allemands pour aller à l'école avec des cartables qui pesaient le double de nos poids. Et nos jambes ne servaient pas qu'à nous conduire au catéchisme, en rang deux par deux le jeudi, afin d'y écouter des histoires prétendument dictées par Dieu, mais traduites de préférence par des hommes d'Église qui, soit dit en passant, auraient mieux fait de nous donner des leçons d'anatomie, sur laquelle ils en connaissaient un rayon, plutôt que des cours de théologie.

Je faisais donc la pute dans la ville où vivait ma mère, sur laquelle je ne pouvais toujours pas compter. Elle restait bien au chaud avec son mari qui, évidemment, ne voulait pas entendre parler de moi. Pilote dans l'armée allemande pendant la dernière guerre : nous n'étions pas faits pour sympathiser. Elle me refilait quand même de temps en temps, sans que « l'autre » me voie, un « petit billet », comme elle le soulignait. Je ne dis pas que ça ne venait pas du cœur, mais je sentais qu'en me tendant ce bout de papier, elle payait également le prix de sa liberté, me suppliant ainsi de ne surtout pas mettre un pied dans sa vie.

Je pense qu'elle était prisonnière, elle aussi, de son geôlier de mari.

De toute façon il était trop tard pour cette femme et moi. Je l'avais déjà compris le jour où j'avais tourné le dos au bus et à son amour.

Et maintenant je n'en avais plus besoin… Du moins je le croyais.

Me restait l'homme à la fleur de lys.

Mon père.

Il s'était souvenu de moi dix ans après ma naissance, mais c'est à Sauzet qu'il était venu me voir, quatre ans plus tard.

J'avais tant espéré de cette visite…

– 18 –

« Mon père, ce héros... »

– Deban, courrier !

Je revois le facteur me tendre cette enveloppe ornée d'un tampon à la fleur de lys. Et je me rappelle la tempête qu'a déchaînée en moi cette première lettre de mon père.

Laconique, pourtant, la lettre... Du fond de sa cellule, il se souvient de moi. Il sait que j'existe, où je suis, c'est déjà ça. Et il me promet de me donner de ses nouvelles.

Dès lors, je vais guetter, matin après matin, l'enveloppe au tampon. J'ai dix ans, les missives sont rares, mais pour moi elles représentent l'espoir.

À dix ans on rêve. On rêve sa vie, on rêve son père, on rêve sa mère, ses frères, sa sœur, seulement entre rêve et réalité le silence prend le pas, il est le maillot noir d'un Tour de France qui aurait mal tourné.

J'attends quand même ces lettres à longueur de mois, je suis l'accro à la fleur de lys, ce courrier pas comme les autres venant de ce père que je ne connais pas. Seule son écriture m'est devenue familière mais ça me va, j'ai décidé de m'en contenter, de m'en abreuver.

Peu à peu, mon correspondant de derrière les barreaux se lâche. Il se souvient de sa vie d'avant. Enfin, pas tout à fait. Il a complètement rayé de sa mémoire son absence de quatre jours au moment de ma naissance et sa rupture avec ma mère immédiatement après. Et moi aussi, sur le coup ! Trop heureux qu'il se rappelle qu'il a un fils et qu'il tienne, de son côté, à ce que ce fils ne l'oublie pas.

La fleur de lys est porteuse de message, elle est le seul lien qui me relie à lui.

– Deban, courrier… !

Ça tombe comme un couperet. Mon sang se glace. Je cherche du regard le petit tampon avec cette fleur à l'intérieur, je tends ma main, ça y est je l'ai, la lettre est à moi, les mots qu'elle contient sont les miens, je la lis, la dévore, la serre contre mon cœur pendant des heures.

Il m'explique qu'il « purge sa peine ». Huit

ans pour un braquage à main armée, m'a dit ma mère.

Je n'y crois pas. Au diable les armes ! Mon père est innocent, j'en suis sûr. Ce n'est pas lui le coupable, le policier qui l'a arrêté est un imbécile, c'est une erreur judiciaire.

Mon père est mon héros, mon Zorro, je dévore ses mots, le sergent Garcia s'est trompé.

La vie est étrange. Le jour où j'entre au patronage de Sauzet, mon père sort de prison.

Il y a passé des années. Je ne suis jamais allé le voir pendant tout ce temps, les visites au parloir n'étant pas autorisées aux enfants. D'ailleurs personne n'a jamais songé à m'y emmener.

Et voilà qu'il débarque à Sauzet !

Il portait la barbe, il était réellement d'une beauté époustouflante. Et ce chevalier en liberté « conditionnelle », je n'en doutais pas, venait à son tour me désincarcérer. J'ai sauté dans ses bras et l'ai serré de toutes mes forces, prêt à le suivre.

J'ai très vite compris qu'avoir fait de cet homme mon sauveur relevait de la fantasmagorie la plus extravagante.

Après avoir obtenu une autorisation spéciale, nous allâmes boire un diabolo fraise pour moi, un pastis pour lui, sur une terrasse où quelques boulistes s'en donnaient à cœur joie à l'ombre des platanes.

J'ai attendu en vain qu'il propose de m'emmener. L'idée ne l'avait même pas effleuré. Je le regardais dans son rôle approximatif du géniteur prodigue qui retrouve son héritier. Il avait l'air de tout sauf d'un père ému. Il se pavanait dans un débardeur blanc qui laissait apparaître un tatouage sur son épaule, je crois bien que c'était une rose ouverte, avec la tige et les épines, au-dessous je pouvais lire MAGDA...

Je sus plus tard ce que cela signifiait : c'était le diminutif de « Ma gueule d'amour ».

Il portait au petit doigt de la main gauche une chevalière carrée. Des initiales y étaient gravées, les mêmes que les miennes, même nom, même prénom. Dans un accès de générosité, il me donna cette chevalière, me disant qu'à mon tour je devais la porter, comme un genre de relais, de talisman, et ajoutant sur un ton de patriarche :

– Si un jour tu as un fils, tu la lui donneras...

Je m'en foutais, de sa chevalière ! Quant à avoir un fils, pour l'instant j'étais le sien, j'avais quatorze ans et j'avais rêvé qu'il me sorte de cet infernal pensionnat, ou au moins qu'il s'inquiète de mon avenir.

J'ai vendu la chevalière sans le moindre scrupule. Il se fichait pas mal de son fils, et d'un futur petit-fils encore plus. Quant à me rendre ma liberté, il était juste passé pour boire un coup, faire son tiercé, et accessoirement voir de quoi j'avais l'air.

Mais c'est seul, ce jour-là, qu'il repartit.

Je n'ai pas pleuré quand je l'ai vu s'éloigner dans sa Simca 1000 gris métallisé ; l'habitude sûrement…

La colère de la déception passée, je ne lui en ai même pas voulu. Mon père n'était pas ma plus grande blessure. J'avais une priorité. C'est vers ma mère que s'était portée mon attente, c'est à elle que je réclamais l'amour. En vain, mais quoi que je prétende, cela restait l'essentiel de ma recherche.

J'ai revu mon père de temps à autre, sans rancune, avec une sorte d'indifférence amicale, comme un étranger plutôt sympa, dont je n'espérais rien, pas plus qu'il ne se souciait de mon existence. Ce qui m'arrangeait plutôt, vu la vie que je menais.

Il est vrai que lui-même était assez folklo.

– 19 –

Une drôle de mère adoptive

Mon père était chaudronnier-soudeur de son état, braqueur de banque par intérim, et proxénète à ses heures.

Un jour, à Valence, au café de la Paix, je le vis débarquer avec une « créature ». Elle s'appelait Yolande. Il l'avait rencontrée dans un bar à putes, elle lui avait fait le coup de la bouteille de champagne, suivi très certainement de la « totale ».

C'était une brave femme, brune, maquillée comme un camion volé, aux formes généreuses. Elle avait un parler franc, une grande gueule, et un amour fou pour mon géniteur qui, très vite, s'était mis à l'exploiter.

Je crois qu'elle m'aimait bien.

Je dormais parfois sur le canapé de son appartement où créchait mon père, histoire d'avoir son gagne-pain à portée de main et le tiroir-caisse à domicile. Elle sortait rarement, trop occupée à faire des passes avec ses « tontons », comme elle les appelait.

Elle n'aimait pas les mots « pute » et « client », c'était trop vulgaire selon elle.

Mon père lui foutait souvent sur la gueule, il m'arriva une ou deux fois d'en être le témoin. Je courais alors m'enfermer dans le placard à balais, horrifié, mais sachant bien que s'il m'était venu à l'idée de me mêler de leurs affaires, j'aurais passé un sale quart d'heure.

Je ne servais à rien, j'étais là c'est tout, dans ce placard, avec mes amis les balais silencieux, me bouchant les oreilles tellement Yolande hurlait. Ce n'est qu'en entendant le bruit de la porte d'entrée claquer que je sortais de mon refuge.

Et je me retrouvais devant cette pauvre femme, battue, en pleurs et néanmoins amoureuse folle de ce « feu follet macho ».

Elle me serrait contre elle, me glissait à l'oreille : « C'est pas grave mon grand, ça va aller… »

Non, effectivement cela n'avait rien de grave de se prendre des coups plein la figure, c'était tout à fait naturel ! Je me disais que, finalement, ma mère aurait dû se réjouir du départ de son mari.

Un jour le feu follet prit le large, laissant choir Yolande dans son bar à putes aux néons roses.

Ce jour-là, la douleur lui ravagea le visage et le cœur.

Elle ne revit jamais mon père.

Par contre, moi, je la revis un peu plus tard. Un matin où je traînais ma peine sur les trottoirs de Valence, nous nous retrouvâmes au détour d'une rue. Elle se mit à pleurer quand elle m'embrassa, certainement à cause de ma ressemblance frappante avec celui qu'elle avait tant aimé. Nous discutâmes quelques minutes, de choses et d'autres, et elle me fit part d'un projet.

Elle était en galère, elle avait dégotté un vieux « tonton » agriculteur, qui habitait dans un bled paumé sur les hauteurs de l'Ardèche. Il avait suffi d'un regard pour qu'il tombe fou d'elle.

Ayant décidé d'aller le dépouiller à domicile, elle avait besoin d'une voiture. Mais elle avait aussi besoin d'un complice. C'est donc bras dessus, bras dessous que nous partîmes après avoir dérobé une caisse. Au point où j'en étais…

Direction « Plouc-City », chez son tonton.

Lorsque nous arrivâmes, je vis venir à notre rencontre un vieil homme descendant de son tracteur garé dans une grange à vaches. Ça puait le fumier.

Il devait avoir l'âge de mon grand-père.

Bleu de travail « dégueu », bottes en caoutchouc, Gitane maïs collée au coin d'une bouche invisible, il cachait sa calvitie sous un béret noir, genre l'abbé Pierre.

Yolande réajusta sa minijupe très au-delà de la limite autorisée.

En fait, ce n'était plus une jupe, c'était une ceinture, léopard de surcroît. Les poteaux qui lui servaient de jambes étaient eux-mêmes emprisonnés dans des bas résilles noirs, déchirés à plusieurs endroits.

Haute et large, des seins énormes, juchée sur d'improbables talons aiguilles fatigués et croulant sous son poids, elle s'avança vers lui et lui lança :

– Ça va, amour de ma vie ?

Je crois bien que je faillis m'étrangler. Surtout lorsque, tout de suite après, elle me présenta comme son fils qu'elle avait dû abandonner, faute d'avoir les moyens de l'élever.

J'avais donc une mère à présent, les vaches m'en furent témoins.

Ce jour-là je fus adopté entre deux tas de fumier, j'étais un fils, enfin. Un fils de pute.

« Tu viens, mon bébé ?

– Oui, maman. »

Allez savoir pourquoi, j'ai prononcé ces mots avec attendrissement.

Il fallut se frayer un chemin sur le terrain boueux qui menait jusqu'au « château » de son prince charmant. Les yeux du tonton était rivés sur le cul de Yolande quand ce n'était pas sur ses seins, univers *Ultra-Vixens* et Tex Avery.

Il l'appelait « mon amour », lui disait qu'elle était sa poupée, sa reine de beauté, elle lui répondait qu'elle était la femme de sa vie, qu'il fallait qu'il l'épouse, et m'adopte du même coup.

Le rêve, quoi. La pute, l'adopté et tonton pédezouille, les pieds dans la gadoue.

Ce qui suivit fut surréaliste, elle appliquait son plan à la lettre pendant qu'elle le chevauchait, lui criant des : « Oui, vas-y mon chéri… humm c'est bon tu es le meilleur… »

Le but était de le bloquer sur le lit, de lui faire croire qu'il était le coup du siècle, tout en prenant soin de laisser la porte entrebâillée, pendant que je fouillais tous les tiroirs de la maison afin d'y trouver le magot caché.

Une fois découvert le butin – bien maigre –, je devais lui faire un signe. Ce que je fis.

Alors elle simula un orgasme digne de la Castafiore, et c'est en courant que nous avons quitté ce lieu pour le moins insolite, promettant au tonton que nous reviendrions la semaine suivante avec les papiers d'adoption.

Il ne me revit jamais.

Je ne la revis pas non plus, je ne sais pas si elle a épousé son tonton.

Si ça se trouve, à l'heure qu'il est, elle trait peut-être les vaches et vend des fromages sur les marchés.

Je garderai toujours d'elle un souvenir ému. Un peu de tendresse, dans mon cloaque de Valence, ça ne faisait pas de mal.

– 20 –

Jo

Ça ne pouvait plus durer. Plus d'une année à dormir dans la rue, voler de la nourriture, des vêtements, et survivre grâce aux extra que je m'accordais dans le parc Louis-Jouvet : j'étais trop grand, désormais, pour m'en satisfaire.

Trop lucide pour ne pas estimer à leur juste valeur mes occupations tarifées, sans fiche de salaire, travail au black s'il en fut, dans la pénombre d'un lieu de passage où j'enfilais des perles… mais pas de culture.

La culture viendrait plus tard.

Là, je n'avais pas le temps de lire, pas d'argent pour acheter un livre. J'aurais pu le voler, bien sûr, mais mes larcins se limitaient à l'essentiel : bouffe, fringues, savon pour les douches municipales, l'urgence, quoi…

Et puis décidément, « le marché de la viande » n'était pas mon plat de résistance. Il m'était facile d'aguicher, car j'avais la jeunesse et la beauté du diable, mais je n'avais pas le talent nécessaire pour faire carrière dans la galanterie, comme ces play-boys revenus de loin qui se retrouvent un jour dans les pages « jet-set » des magazines people.

D'ailleurs, comment concevoir un plan de carrière au fond d'un jardin public ?

Tout cela commençait à me dégoûter.

Il me fallait pisser, une bonne fois pour toutes, sur mon passé aux environs des pissotières. Tirer la chasse sur tous ces souvenirs. Et prendre le large vers des eaux moins souillées, plus limpides.

Plus féminines ?

*
* *

Je n'ai pourtant pas fait d'annonce dans *Le Dauphiné libéré*, à la rubrique matrimoniale. Notre rencontre fut fortuite, dans un bar où je me rendais de temps à autre pour boire un chocolat chaud, et surtout dévorer le petit biscuit qui va avec, avant de rejoindre mon dortoir de fortune, derrière une porte cochère ou dans un Abribus.

Jo

Elle avait pour prénom Josette, elle n'aimait pas le « ette » et se faisait appeler « Jo ». C'était une très belle femme, brune, grande, d'une trentaine d'années. Entre nous, ce fut immédiat et fusionnel. J'avais quinze ans. Elle était barmaid et avait pour projet de partir à la Guadeloupe faire une saison. Je vis là comme l'appel d'une mer bleue, de ces eaux claires dont je rêvais.

Ma carte d'identité en poche, c'est donc avec ma première muse que je pliai bagages. Enfin les siens, car moi je n'avais rien…

Sur la route de l'aéroport, nous n'en menions pas large. La Guadeloupe étant française, on n'avait pas besoin de passeport. Mais j'étais mineur et je ne portais pas son nom. Ça ne l'empêcha pas de déclarer que j'étais son fils, ça passait ou ça cassait.

Ça passa.

Nous nous envolâmes vers d'autres cieux plus cléments, direction la vie tout en épices.

Adieu les relents nauséabonds de Valence, mes pas perdus dans une ville sans avenir.

Adieu ma mère perdue, elle aussi, et jamais retrouvée. Oui, adieu, chère madame, vous pouvez garder vos billets et votre indifférence, je ne vous importunerai plus désormais, j'ai trouvé une autre dame brune, une qui saura m'aimer, et que j'aimerai.

Je vous en fais la promesse : je n'aurai plus jamais besoin de vous. Cependant j'essaierai non pas d'oublier, mais de ne pas vous haïr.

Ce sera long, sûrement. Mais le temps a ses réserves, et plus d'une horloge dans son sac.

Plus jamais je ne vous dirai des « je t'aime ».

Je les destine à d'autres...

De la haine je ne veux pas, on sait trop bien où elle mène les hommes.

Homme je suis à présent.

Amoureux pour la première fois.

Homme je suis à présent.

Libre de tout, même d'aimer...

D'aimer enfin...

Nul n'aurait voulu se retrouver à la place de Jo, durant les quatre années que nous passâmes ensemble.

Jo, ma jolie brune aux grands yeux noirs, qui prétendait qu'ils étaient verts quand le soleil se reflétait dedans, ressemblait étrangement à « l'autre » brune...

Je savais ce que je quittais lorsque je suis tombé « en amour » avec elle, mais elle était à mille lieues d'imaginer ce dont elle venait d'hériter. Elle s'engageait ingénument sur un chemin de croix dont elle inaugurait les stations…

J'ignore encore, à l'heure où j'écris, comment elle a fait pour puiser la force d'aller au bout de nous. L'amour certainement… En tout cas une chose est sûre : à aucun moment elle ne démissionna. Patientant, résistant, espérant…

Luttant. Car il s'agissait bien d'une lutte.

J'avais besoin d'un père, d'une mère, de deux frères et d'une sœur, mais aussi d'une femme aimante.

Très aimante, car il fallait m'aimer beaucoup, ce qu'elle fit. L'exigence des anciens gosses privés d'amour est incommensurable. Il faut sans cesse les rassurer, ils n'ont jamais assez de preuves d'attachement. À l'âge adulte, ils demeurent des enfants avides de tendresse, de soins, d'omniprésence. On parle souvent de « femme-enfant », moi j'étais « l'homme-enfant » et Jo incarnait tout le reste.

Elle était arrivée dans ma vie par hasard, elle en repartit sans doute épuisée et avec un certain soulagement.

J'ai eu de ses nouvelles il y a quelques années. Elle vivait dans le sud de la France avec un publicitaire qui avait bien voulu lui donner l'enfant que l'enfant que j'étais s'était toujours refusé à lui faire, de peur de ne pas savoir l'aimer. Un grand classique chez ceux à qui personne n'a jamais témoigné de l'amour.

Aujourd'hui j'ai envie de lui dire : « Tu vois, Jo, tout cela n'a pas servi à rien, nous avons quand même eu des moments harmonieux, je t'ai aimée avec des béquilles, certes, mais je t'ai aimée… »

Merci d'avoir été tellement là, d'avoir endossé ces multiples rôles, l'un après l'autre, sans lâcher prise. À cette époque où j'étais en chantier, tu as été un bon architecte, la garantie décennale est passée sans encombre, ni malfaçon, sur l'édifice de ma vie.

C'est un peu, beaucoup à toi que je le dois.

– 21 –

Renaissance à Saint-Barth'

J'étais déjà mort plusieurs fois... Quand la porte rouge s'était refermée sur ma mère, quand Tante Sylvia avait quitté son établissement du Chambon-sur-Lignon, quand j'avais enterré le petit André. Et je venais de liquider le vagabond de Valence grâce à Jo. Chaque fois j'avais réussi à renaître de mes cendres.

J'ignorais encore que ma vie, jusqu'aujourd'hui, serait une succession de petites morts plus ou moins programmées, suivies de renaissances. Ce que je savais, quand nous sommes partis pour la Guadeloupe, Jo et moi, c'est qu'une belle éclaircie m'attendait.

Ce ne fut pourtant pas simple. À peine arrivés sur l'île, nous avons senti que si les Blancs étaient bien reçus en tant que touristes, il n'était pas question qu'ils viennent manger le pain des autochtones en cherchant du travail. Nous en avons quémandé partout, dans toutes les professions qui nous semblaient accessibles. En vain.

Un jour, sur le port, un capitaine nous l'a confirmé :

– Vous ne trouverez jamais de boulot ici.

Mais il a ajouté que si nous poussions jusqu'à Saint-Barthélemy, nous aurions de meilleures opportunités là-bas.

Il avait raison. À Saint-Barth', Jo a aussitôt été engagée comme barmaid au PLM Arawak, et j'ai hérité de la baraque qui vendait des glaces et des hot dogs à foison.

Mon travail terminé, j'allais à la plage des Salines me plonger dans une mer chaude avec pour compagnons de jeux et voisins de bronzette des gens tous plus célèbres les uns que les autres. Parmi ceux-ci, Yannick Noah. Il déjeunait chaque jour à ma cantine de Gustavia, le bar de l'oubli, et, le soir, donnait des mini-concerts sous la houlette du fantôme de Bob Marley, au coucher du soleil sur la plage du Gouverneur.

Saint-Barthélemy. Une parenthèse enchantée, première renaissance. Un peu particulière quand même, et risquée. Toutes les nuits je dialoguais avec mes amis les iguanes au sortir du club Autour du Rocher, un lieu magique qui surplombe l'anse des Cailles.

Je me souviens de mes virées nocturnes avec Pascal Riboux, le seul pharmacien de l'île, au volant de sa Gurgel.

Les iguanes étaient donc mes amis et je dois avouer qu'après avoir fumé quelques pétards, il me semblait absolument normal, au petit matin, de m'asseoir à même le sol et d'engager avec eux de sérieuses conversations dans un dialecte « iguano-humano » dont nous seuls, à l'évidence, détenions les codes et la maîtrise.

Converser avec les iguanes à dix-neuf ans après avoir fumé la moquette est somme toute assez bénin, mais le danger des îles et de Saint-Barth' en particulier, a fortiori quand on vient d'où je viens, est de se laisser happer par cette vie nonchalante et passive bercée par l'Atlantique et la mer des Caraïbes.

Au bout de quatre ans de ce paradis, je me suis dit qu'il devenait urgent de partir.

D'autant que Jo n'en pouvait plus, de ce gosse attardé qui se comportait davantage comme un fils que comme un amant, un mari peut-être, dont elle aurait souhaité qu'il devînt le père de son enfant.

Ce sera toujours pareil pour moi, avec les femmes, et j'en prends l'entière responsabilité. Elles cherchaient un homme, je voulais une mère. Ça ne pouvait pas marcher.

En tout cas, à ce moment-là, à Saint-Barth', la vie me conseillait tout bas d'aller voir ailleurs si elle y était.

Je vérifierai très vite que j'ai eu raison de prendre au sérieux cette mise en garde. Deux ans plus tard, de retour sur l'île pour des raisons professionnelles, j'ai retrouvé aux mêmes tables du bar de l'oubli nombre de mes anciens potes : des statues de cire, l'air tout droit sorties du musée Grévin, le cul rivé sur leur chaise, les regards délavés et fuyants...

J'avais donc bien fait d'écouter une sirène qui me promettait simplement... la gloire à Paris.

– 22 –

Direction Paris

« Tout le monde » m'y attendait, à en croire Josiane, assistante d'un grand couturier français en mal d'une nouvelle tête de mâle.

Elle m'avait repéré sur une plage de Saint-Barth' et n'en démordait pas : le mannequinat était fait pour moi.

Peut-être. Mais moi je n'étais pas fait pour lui. Dès le début, ce fut catastrophique. Une séance de pose à Paris, une à Florence : deux séances de torture.

Il en ressortit quand même une série de photos qui furent exploitées pendant une année dans la galerie 76 des Champs-Élysées.

Il n'empêche que je ne voyais pas mon avenir dans la mode. Trop petit malgré mon mètre quatre-vingts, une démarche de canard... En plus il fallait la plupart du temps sourire d'un air béat – ce qui avait tendance à m'agacer prodigieusement –, ou bien lancer des regards inspirés à un appareil qui ne m'inspirait pas du tout : ce fut ma première et dernière expérience dans le registre du statique et du muet.

J'étais un volcan proche de l'éruption, il fallait absolument que je m'exprime.

Jo et moi avions mis un terme à notre relation : « On s'aime, mais on se quitte. On a besoin d'un peu de recul. »

Je restai à Paris, en panne de job et d'amour. Elle recula jusqu'à Valence.

Je devais me frayer un autre chemin, dans un autre domaine…

III

LA VIE EN TROMPE L'ŒIL

– 23 –

Julien

Julien entre dans ma vie au moment où Jo tire sa révérence. À bout de souffle, épuisée, elle lui passe le relais.

Julien est grand, un visage d'ange. Il est speed, une pile électrique. Il est breton, il parle vrai, il a un cheveu sur la langue.

C'est sur les quais de Grenelle, face à la Maison de la Radio, la nuit, que je le rencontre. Nos corps s'attirent et se mélangent à la vitesse de l'éclair, sous les rayons de lune.

Défilé d'âmes perdues, d'ombres chinoises qui s'étreignent sous les ponts.

Je me réveille le lendemain matin dans son appartement du quai de Jemmapes. Un mot sur un papier, un numéro de téléphone.

Il travaille pour un journal à ragots.

Il écrit également des chansons, avec Pascal

Sevran, son ami dont je ferai la connaissance quelques mois plus tard.

Julien, à l'époque, est quelqu'un de très sexuel. Je n'irai pas jusqu'à dire qu'il s'est tapé tout Paris, mais peut-être a-t-il juste manqué de temps.

Je m'attache à lui rapidement. Il sait écouter mes mots, entendre mes silences, panser mes plaies.

Pourtant le sexe avec lui ne m'intéresse pas. Je préfère de loin aller promener sa chienne, baptisée Sophie – à cause des malheurs –, le long des berges du quai de Valmy.

C'est incroyable ce qu'une chienne en laisse peut attirer comme badauds, venus innocemment regarder passer des péniches à l'écluse de l'hôtel du Nord, rendu célèbre par Arletty.

« Atmosphère, atmosphère, est-ce que j'ai une gueule d'atmosphère ? »

J'*ai* une gueule d'atmosphère. Je change au gré du temps. J'aime Julien et ses soleils, mais j'aime aussi plonger dans le noir, m'immerger dans des rivières glauques, sans m'y noyer toutefois. Je donne un grand coup de pied au fond de l'eau et retrouve la lumière.

L'ombre et la lumière, mais jamais en même temps.

Julien est la lumière.

Dès le début, j'ai su qu'à ses côtés je pourrais déposer les armes, faire plus qu'une escale : un long chemin.

Il est très amoureux de moi, physiquement. Moi, j'ai d'autres projets qui vont bien au-delà d'un désir physique éphémère.

Il est la première personne qui me rassure enfin, me calme, me permet d'entrevoir un avenir à deux.

Je ne veux pas être pour lui une banale histoire de cul à la va-vite sous un pont de Paris.

Je ne veux pas qu'il plonge dans mes rivières d'eaux noires.

Je le lui fais savoir de façon un peu brutale, il ne me jette pas dehors, j'ai gagné.

Il a compris que j'avais croisé un ange, un soir où j'avais la vue basse et les couilles pleines, mais que pour moi les anges n'avaient pas de sexe, et c'est ainsi que je le voyais.

J'ignorais à ce jour que ce serait pour toujours.

Je n'attendais personne.

Certainement pas un homme.

Dieu en décida autrement.

Toujours, pour moi c'était terre inconnue.

Toujours… pas l'habitude !

Était-ce un ange déchu ? Je ne le sais pas.

Ce que je sais, en revanche, c'est que nos solitudes communes et nos vies atypiques nous ont inévitablement soudés…

Lui, fils unique d'un horloger et d'une secrétaire de clerc de notaire à Livry-Gargan.

Lui, l'ange aux deux mamans, car il en avait deux. Ainsi va la vie. Il y en a qui en ont deux… d'autres qui n'en ont pas.

Moi, fils de personne, sans domicile et sans amour fixe, j'ai passé un pacte avec l'ange aux deux mamans.

Pour ne pas vivre seuls on pourrait s'aimer.

S'aimer pour longtemps. S'aimer pour toujours.

Me dire qu'à l'heure du Jugement dernier sa main sera dans la mienne.

Pas de sexe entre nous, de la tendresse à foison, de l'amitié, des échanges… Juste une manière différente de vivre notre histoire d'amour si particulière, inventée par nous, exclusivement pour nous.

On parlait beaucoup, on se racontait nos vies.

Je lui dis mes secrets.

Mes joies, mes peines, mes peurs, mes plans dans les bacs à sable… Je parlais… Il m'écoutait, il m'écoute toujours, encore et encore…

J'ouvris grand mes yeux.

J'ouvris grand mon cœur.

Il s'installa dans ma vie.

Ma vie dure et douce, compliquée, tendre et violente.

Mais quelque chose avait changé.

Celui-là j'allais me le garder, je savais qu'il était pour moi.

Lui le fils de Tanguy, l'horloger de Morlaix.

Le fils d'Andrée, petite mère au regard si clair, et le fils d'Émilienne, fille-mère au verbe haut.

Julien.

*
* *

Cela dit, mon ange avait les pieds sur terre. Il m'a écouté sans mot dire lui raconter l'arrêt brutal de ma carrière de mannequin et surtout mes rêves d'« autre chose ». « M'exprimer », fût-ce avec les mots des autres, entrer dans des vies qui ne seraient pas miennes mais que je m'approprierais…

Mes discours ont dû finir par le lasser car il m'a mis un jour le marché en main. « Je t'offre six mois de cours d'art dramatique chez Véra Gregh, celle qui a succédé à Tania Balachova. »

Des étoiles s'allumèrent dans mes yeux. Je

n'ignorais pas la réputation de ce cours, qui avait formé tant d'artistes confirmés !

Julien a éteint les étoiles : « Seulement tu t'accroches, tu ne baisses pas les bras au premier échec et tu ne t'attends pas à être une vedette du jour au lendemain. Six mois… Après, j'arrête les frais. »

Je me suis accroché, même si mes premiers essais, au cours, dans *Mademoiselle Julie* de Strindberg et *La Mouette* de Tchekhov, se révélèrent peu probants.

Julien, voyant que je ne me décourageais pas, m'a présenté à son meilleur ami, Gilles Merlé, officiant à l'époque dans l'enceinte de l'agence Marceline Lenoir.

Deux mois plus tard, j'obtenais… une réplique dans un film.

Mais un film avec Alain Delon.

– 24 –

Alain Delon : le coup d'envoi

Quand José Pinheiro, le réalisateur de *Parole de flic*, m'a annoncé qu'Alain Delon avait vu ma photo et donné son accord pour que l'on m'engage, je ne me suis pas évanoui d'émotion. Je connaissais la renommée de l'acteur, mais je n'avais vu aucun de ses films. En pension, on n'avait ni cinéma ni télévision et, à Saint-Barth', les iguanes ne m'avaient pas parlé de lui.

En plus, ce n'était pas le rôle du siècle.

« *Par pitié, je vous en supplie !* »

Voilà tout ce que j'avais à dire à Jean-François Stévenin pour qu'il ne me tire pas dessus lors de la tuerie choc du film.

Et pour ça, on m'avait retenu trois jours ! Je ne connaissais rien au cinéma, je ne comprenais pas. Alors on m'a expliqué : le tournage des vues d'ensemble, les raccords... c'était le temps minimum. J'étais un peu décontenancé.

Quoi qu'il en soit, rendez-vous fut pris pour la semaine suivante aux studios d'Épinay-sur-Seine. À 20 heures pour le maquillage et la coiffure, et après, moteur !

Huit jours plus tard, Julien, qui m'a conduit en voiture, me dépose devant la grille des studios en question, me dit « merde » et s'en va.

C'est la première grille de ce genre que je vois depuis la pension des femmes aux robes grises.

Je ne peux pas dire si, sur le coup, j'ai fait le rapprochement, mais mon subconscient, lui, m'a immédiatement propulsé dans le passé.

Une bouffée d'angoisse m'envahit et je prends mes jambes à mon cou, me heurtant bientôt à... José Pinheiro lui-même !

– Pourquoi cours-tu comme ça, Frédéric ? Tu n'es pas en retard... Mais les studios, c'est pas par-là, c'est derrière !

Bien obligé de rebrousser chemin.

Et de penser aujourd'hui que si je n'avais pas croisé le réalisateur à ce moment-là, je n'aurais peut-être pas embrassé la carrière.

Et encore, je n'avais rien vu...

« Par pitié, je vous en supplie ! »

Voilà ce que j'ai envie de crier quand je découvre la scène du tournage.

On est en février, en pleine nuit, il fait un froid glacial. Les autres figurants et moi – une bande de pédés censés partouzer pour les besoins du scénario –, sommes tous à poil dans un camion bâché ouvert aux quatre vents. Et ça traîne, et on grelotte en attendant que les préparatifs et les plans d'ensemble soient terminés, avant de « jouer », transformés en stalactites par le gel, avec naturel s'il vous plaît.

Là, je me dis : « Bon, j'honore le contrat mais plus jamais ça, par pitié ! »

De sorte que lorsque Jean-François Stévenin me flanque le canon d'un énorme flingue entre les deux yeux, je hurle ma petite phrase avec une conviction sans pareille.

C'est alors que, selon le script, surgit mon sauveur de fiction, dont j'ignore encore qu'il va galvaniser mon désir de devenir acteur.

Delon ! Nos regards se croisent. Pour la première fois, je vois un spécimen de l'espèce humaine qui semble venir d'ailleurs. Ce genre de comédiens dont on ne se demande même pas s'ils sont bons ou mauvais : ils sont. Ils sont là, soudain, et tout change. Il avait plus que la beauté ; il avait cette présence qui, d'emblée, faisait de lui la vedette, quel que soit son rôle. Et dans celui du héros, il était parfait.

Au cours du dernier jour de raccord, je l'ai revu sur le plateau. Je savais que la veille il avait visionné la scène où je figurais. Et voilà qu'il parle au réalisateur en me regardant avec insistance, puis s'avance vers moi. Mon cœur se met à battre la chamade, je pense que j'ai sûrement été nul, je baisse les yeux quand il m'attrape par les épaules et me dit : « Je vous félicite, c'était très émouvant. Continuez comme ça. »

Et il part.

Le plus beau jour de ma courte vie professionnelle !

Sans doute est-il un peu naïf d'avoir décidé sur-le-champ que rien, désormais, ne me ferait renoncer au métier d'acteur, à cause de ces mots peut-être simplement gentils et courtois.

Il n'empêche que cela s'est passé ainsi.

Merci, monsieur.

Parole de flic sortira en 1985.

Entre-temps, j'aurai joué un « vrai » rôle qui, pour des raisons très personnelles, allait marquer mon existence.

– 25 –

La passion selon Collard

Je l'ai rencontré un soir de juillet 1985, à l'occasion de l'anniversaire d'un attaché de presse dont j'ai oublié le nom.

Celui-ci m'avait invité à dîner au Privilège, le rendez-vous à la mode de l'époque. J'étais en train de mater un film, je n'avais aucune envie de bouger. Mais il a insisté, me disant que ce serait pour moi l'occasion de rencontrer Sandrine Bonnaire, qu'elle venait de tourner dans un clip, sur une chanson du groupe Cyr, *Maria Theresa*. Cyril Collard l'interprétait.

J'ai accepté l'invitation.

Cyril Collard... En fait je ne le connaissais pas. J'avais pourtant adoré *À nos amours* et le non-jeu de ses acteurs, mais j'ignorais qu'il faisait partie de la distribution de ce film devenu culte. Il y était même présent du début à la fin, puisqu'il était l'assistant du réalisateur.

J'arrive au Privilège. Je me fraie un chemin parmi les tables, je reconnais Sandrine Bonnaire. À côté d'elle, un jeune mec aux yeux sombres, les cheveux longs, jean troué, baskets et Perfecto.

– Frédéric, je te présente Cyril Collard, l'assistant de Maurice Pialat, plastronne l'attaché de presse.

Je ne me rappelle pas ce que j'ai répondu.

Je suis venu voir Sandrine et me retrouve assis à sa table, le reste m'importe peu.

Je n'ai d'ailleurs pas envie de m'attarder ici, j'ai sans doute mieux à faire ailleurs, je ne sais plus quoi. Ce dont je me souviens c'est que je suis pressé de partir.

Durant le dîner, avec Cyril, on n'échange pas un mot. Juste des regards par en dessous. Il doit être un peu timide ce garçon, ou introverti. Je m'en fous, il faut que je parte.

Je me dirige vers la sortie. Dans les escaliers quelqu'un m'interpelle, je me retourne, c'est le jeune mec aux yeux sombres et cheveux longs, jean troué, baskets et Perfecto, timide et introverti.

« Salut, voilà : je vais entrer en préparation de mon second court métrage, j'aimerais bien que l'on se voie, enfin si tu es d'accord, c'est pour le rôle de Jean.

– Ouais, pourquoi pas ?

– OK, voilà mon numéro, appelle-moi. »

*
* *

Après quelques coups de téléphone et des essais chaotiques, Cyril m'annonce qu'il me choisit pour jouer le rôle de Jean, dans *Alger la Blanche*.

Jouer n'est pas le mot, car avec Collard on ne jouait pas, on vivait. J'ai donc « vécu » le rôle de Jean.

Il était d'autant plus difficile pour moi d'interpréter ce personnage que j'avais en permanence l'original sous les yeux : Cyril, évidemment, qui me fascinait, m'émouvait, me plaisait... Cela donnait lieu à bien des crises d'angoisse de ma part, et d'hystérie de la part du réalisateur. Et puis je ne connaissais toujours pas grand-chose au cinéma et je faisais des gaffes énormes qui tantôt le rendaient fou, d'autres fois le laissaient de glace. Je me souviens notamment du jour où je suis arrivé sur le tournage, m'étant coupé moi-même les cheveux la veille. Je n'étais absolument plus raccord pour les plans de la dernière séquence du film : mon départ pour Alger, filmé dans la gare des Invalides. Cela ne l'a pas perturbé outre mesure. J'avais « pété un câble », il adorait !

Très vite nous nous sommes revus en dehors des plateaux. Cyril était très amoureux de moi, il m'attirait et je l'admirais.

Bientôt nous ne nous sommes plus quittés, au grand dam de Jeannine, sa mère, qui n'avait pas encore vraiment admis les goûts masculins de son fils. À ce sujet, j'ai toujours dans la tête un souvenir hilarant.

Un samedi, Jeannine vient chercher son « garnement » pour aller à un mariage chic à Versailles.

Elle nous trouve au lit, découvrant par là même notre relation extraprofessionnelle...

S'ensuit une sorte de vaudeville dont Cyril a le secret. Il refuse de se lever, tenant tête à sa mère, qui ne veut évidemment pas que je vienne à ce mariage.

– En qualité de quoi ?

Collard, tout à sa provocation, lui répond :

– De gendre ! Si Frédéric ne vient pas, j'y vais pas non plus…

Jeannine vocifère :

– Très bien, alors ne viens pas… De toute façon ils ont l'habitude. Avec toi, c'est toujours pareil…

Et elle part en claquant la porte.

On était morts de rire.

Nous nous rendîmes quand même à ce mariage « ascendant bourges ». Débarquant tous deux, quasi main dans la main, en jean, baskets et Perfecto, nos casques de moto sous le bras, clope au bec. Un léger frisson parcourut l'assemblée, et je me rappelle avoir terminé cette nuit délirante en dansant un rock 'n' roll plus qu'approximatif avec une vieille dame déchaînée, probablement la seule personne de cette assemblée rigide à se réjouir de tant d'insolence, sous le regard affligé de notre Jeannine nationale…

Ça c'était Cyril. Et c'était tellement bien ! Tellement lui !

« Je suis dans la vie… », disait-il à la fin des *Nuits fauves.*

Il était si présent, si attachant… Je suis absolument certain que Jeannine et Claude, ses parents, auraient supporté davantage, et plus longtemps, ce genre de frasques de sa part plutôt que le voir partir si tôt…

*
* *

Nos nuits n'étaient déjà plus fauves lorsque j'appris de la bouche de son meilleur ami, sur un trottoir de Montmartre, la mort de Cyril en 1993. Mais je ressentais toujours sa présence, dans ma chair et dans mon cœur.

Je suis rentré chez moi pour tomber dans les bras de Julien, son rival mais mon roc, et j'ai pleuré toutes les larmes de mon corps.

Fini nos retrouvailles épisodiques, intemporelles, notre jeu du chat et de la souris, les innombrables lettres qu'il m'avait envoyées, auxquelles je ne répondais jamais à cause des fautes d'orthographe – les miennes –, et les conseils insolites qu'il me prodiguait, comme celui-ci au dos d'une photo en noir et blanc : « Fais comme moi, Fred. *Attends impatient.* »

Sur ce cliché, il fixe l'objectif, appuyé contre un mur comme pour le faire tomber.

Le fauve s'en était allé.

Cyril Collard venait de déployer ses ailes et nous avait faussé compagnie, tirant sa révérence, se libérant ainsi de sa putain de maladie, dont il avait fait largement état dans un livre d'abord,

Condamné amour, puis dans son film *Les Nuits fauves*, pour lequel il fut récompensé à titre posthume lors de la cérémonie des César.

Une messe fut dite, en l'église Saint-Augustin, boulevard Malesherbes. Jeannine, sa mère, était effondrée. Je ne pouvais rien faire, nous étions soudain démunis. Chacun allait devoir se contenter de ses souvenirs, qui le hanteraient jour et nuit. On ne prend jamais l'habitude de l'absence.

*
* *

À l'issue de la cérémonie, Françoise Verny a invité quelques personnes à se rendre chez elle, non loin de l'église. Grâce à Cyril, je faisais partie de ces *happy few*.

En 1988, j'avais accompagné mon ami à son bureau, pour un rendez-vous professionnel. Il avait déjà publié *Condamné amour* et était en train d'écrire *Les Nuits fauves.*

Je n'ai pas dit trois mots lors de cet entretien. La personnalité sidérante de cette normalienne agrégée de philosophie me laissait coi. Et puis j'avais du mal à exister lorsque je me retrouvais en public avec Collard. Cyril avait une culture extraordinaire, moi je traînais à l'époque un énorme complexe d'infériorité.

J'ai pourtant revu et longuement observé cette chercheuse de talents qui proclamait sans cesse : « Notre pétrole, ce sont les auteurs. » Cette fabuleuse directrice littéraire qui se levait à 5 heures du matin pour lire ses manuscrits, et avait besoin de sa dose de whisky pour...

Pourquoi ? Je l'ignorais. Mais je savais déjà, en ce temps-là, tout ce à quoi l'on peut recourir lorsque la vie vous laisse désemparé.

J'ai repensé à elle quand elle s'est adressée publiquement à Dieu dans un ouvrage désespéré : *Pourquoi m'as-tu abandonnée ?*

Moi, depuis ma chiffonnière du cœur, je ne lance pas à Dieu ce genre de reproche. Je persiste à Lui faire confiance. Je prie matin et soir, dans le métro, dans la rue, pour qu'Il m'aide. À quoi ? Je ne réclame pas un miracle, je voudrais seulement qu'Il éclaire les zones d'ombre où je plonge régulièrement.

Le jour de l'enterrement de Cyril, chez elle, la grande prêtresse des Lettres me demanda si j'écrivais. Elle était au courant de mon début de vie chaotique, Cyril avait dû lui en toucher quelques mots. Je lui répondis que je venais de terminer un scénario. Elle me proposa de le lui déposer dans la semaine, ce que je fis.

Ce scénario racontait l'histoire d'un jeune mec à la recherche d'une mère, qui n'était pas sa mère biologique mais qu'il aimait par-dessus tout. L'action se situait au Chambon-sur-Lignon, évidemment. Les deux protagonistes, Jean et Lily, une jeune infirmière qu'il entraînait avec lui dans sa quête, s'aimaient mais ne s'envoyaient jamais en l'air. L'idée avait séduit Françoise.

Après avoir lu le scénario, elle me téléphona et me pria de venir la voir à son bureau. Là, elle ne s'étendit pas sur cette première tentative littéraire. Simplement, elle me prit la main, me regarda droit dans les yeux, et me dit :

– Va falloir que les années passent, mais y a quelque chose, j'peux te dire que t'as rendez-vous avec l'écriture, mon gars… Pas maintenant, trop tôt… Tiens-moi au courant, ne retiens pas ta plume, lâche-toi… Allez file…

Elle prit ma tête entre ses mains, m'embrassa sur la bouche, d'un baiser mouillé au parfum de havane. Je ne la revis pas…

Elle mourut quelques années plus tard à Paris, le 14 décembre 2004. Quatre jours avant mon anniversaire.

J'aurais beaucoup aimé lui faire lire mon texte abouti, histoire qu'elle me confirme si je m'étais lâché ou non.

Je l'ai peu connue, mais je pense sincèrement qu'elle fut un déclic pour moi, en terme d'écriture. En tout cas une chose est certaine, elle avait raison quand elle me disait : « Va falloir que les années passent... »

Françoise, j'irai mâchouiller un énorme cigare et déposer mon manuscrit dans l'antre de votre dernière demeure, au cimetière Montparnasse. C'est vers vous que s'envoleront mes maux si par bonheur mes mots voient le jour...

– 26 –

Rivaux

Julien tolérait mes conquêtes mais s'en tenait éloigné, moi j'ai allègrement subi pendant vingt ans son ex.

Même s'il n'est plus parmi nous, je ne porte aucune « atteinte à sa vie privée », comme disent les juristes, puisque l'affaire était de notoriété publique : Julien écrivait des chansons pour lui et avait été son amant avant de me rencontrer.

On ne quittait pas ce garçon, qui considérait cette désertion comme un crime de lèse-majesté. Ça aussi, c'était de notoriété publique. Inutile donc de préciser que je n'étais pas le bienvenu chez lui. Seulement il ne pouvait pas refuser à Julien – qui travaillait toujours pour lui – de me recevoir de temps à autre.

Il m'appelait Gérard Philipe, se moquant implicitement de mes ambitions de comédien. J'évitais la surenchère, même si je n'étais pas fan de son répertoire. Je ne l'appelais pas, c'est tout. Et je continue de ne pas l'appeler.

Je revois sa maison de bois au bord des trois étangs, paradis des carpes et des jardiniers triés sur le volet.

Des jardiniers consciencieux, taillant au millimètre près la frange du gazon, sous la férule du maître des lieux, tranquille en surface, pareil à ses étangs, bouillonnant dans le fond, tel un volcan qui refuse de s'éteindre.

L'homme se promène le long de ses allées, toutes baptisées du nom des fantômes de sa vie. Allée François-Mitterrand, allée Dalida, la muse de toujours, allée Emmanuel-Berl, l'éminence grise de ses jeunes années.

Une canne à la main, un feutre sur la tête, une écharpe – rouge de préférence –, souvenirs des années de la rose et de la roche de Solutré.

La promenade quotidienne commence à 15 h 12 et se termine à 16 h 28.

Une à une il répertorie ses acquisitions, les exhibant aux yeux de ses invités, du bout de sa canne : « *Ça c'est à moi... Ça c'est à moi... Ça c'est à moi...* »

Comme pour conjurer le sort et le destin d'un jeune garçon coiffeur un peu trop blond qui a réussi dans la vie.

Les amis d'un jour ou de toujours admirent en silence et l'inventaire se poursuit.

À 20 h 15 précises, ils mangeront le poulet fermier rôti préparé par Christiane, fidèle au poste depuis des années.

L'homme, bien à l'abri dans sa maison de bois au bord des trois étangs, noircit à présent des pages blanches, les froisse de temps en temps. Il écrit ce qu'il pense, il pense ce qu'il écrit. Il ne s'épargne pas : « Je ne suis pas innocent du bien et du mal que l'on dit de moi. »

Les carpes se sont endormies dans leur lit de vase au fond des étangs. Seul le vent joue de la harpe dans le feuillage des peupliers.

Il pleut.

Le maître des lieux aime désormais les temps froids et la pluie. Il laisse glisser sa plume sur les pages vierges de sa vie, ne manque pas au passage de s'arracher les peaux de ses doigts jusqu'au sang…

Qui sait l'angoisse qui le taraude ?

Pense-t-il qu'il va falloir quitter bientôt ce havre de paix ?

Je ne l'ai jamais détesté, même si j'ai eu parfois envie de le coller contre un mur.

Lui ne m'appréciait pas.

J'étais celui qui fumait à sa table et dans sa voiture.

J'étais celui qui commandait des huîtres, alors que le menu avait été choisi par lui, pour toute la tablée. J'étais l'insupportable, l'insolent, le gitan de service, la pièce rapportée. J'étais le voleur de l'homme de sa vie.

Nous étions deux chiens sauvages qui sortaient les crocs, refusant de céder la moindre parcelle à l'autre, de faire quelque concession que ce soit...

Quand par hasard, ou plutôt par obligation, il me faisait l'honneur de m'inviter à sa table, j'étais le gueux qui mangeait mal et le faisait trembler pour sa moquette blanche.

J'étais celui qui pouffait de rire quand il agitait sa clochette à table pour appeler Christiane qui se tenait à deux mètres de lui, et lui dire d'envoyer la suite, ou de débarrasser.

Il avait tout d'un roi, du moins dans l'apparat, mais je n'étais ni un manant, ni un de ses favoris, ni un sujet de sa cour.

J'étais celui qui, un jour où j'avais rejoint Julien dans un hôtel de Belgique, l'avait surpris en train de repasser des billets de cinq cents balles, des « Pascal ». Ahurissant !

J'étais celui qui ne se privait jamais de lui rappeler que je n'avais pas besoin de lui pour manger, contrairement à Julien, qui dépendait de lui professionnellement.

J'étais celui qui, parce que je ne faisais pas partie de ses ouailles, pouvait tout se permettre...

Il avait horreur de ça.

Je ne l'aimais guère, mais Julien l'avait aimé. Cela suffisait à le rendre acceptable à mes yeux. Et puis j'avais du respect pour l'homme parti de rien qui avait fait chanter son destin.

En 1983, figurant d'un jour dans son émission, j'avais été gentiment remercié pour avoir refusé mes faveurs à une personne de son staff.

J'étais venu le trouver pour lui dire ce que je pensais de ces promotions-canapé, en lui jurant que nos routes se croiseraient de nouveau et que je ne serais pas figurant toute ma vie.

L'avenir allait me donner raison.

– 27 –

Le bonheur en CDD

À partir de 1985 et pendant plusieurs décennies, je ne vais pas arrêter de tourner. Pour le cinéma, la télévision, j'irai même jouer sur une scène de théâtre. Je me glisse dans toutes sortes de vies, je me cultive, je m'exprime, j'ai de l'argent, Julien est là. Les nuits sont aussi belles que les jours, Paris est une fête, je danse, je fais l'amour, je profite de l'instant, comme je m'étais promis de le faire dans la forêt de ma première fugue, au Chambon-sur-Lignon.

Et pourtant quelque chose ne va pas.

Je ne comprends pas pourquoi. Au fil des tournages, je rencontre des gens extraordinaires, dont je garderai un souvenir ému ou simplement admiratif, mais qui tous contribuent à mon épanouissement. Des réalisateurs comme Denys de La Patelière ou Claude Barma ne laissent pas un acteur en friche. Quant à Georges Wilson, qui supervisait la mise en scène de Jean-Pierre Dravel dans *Oriana*, pièce où j'avais un rôle, comment oublier l'accueil qu'il réserva au néophyte que j'étais : « Bravo, mon petit, bienvenue dans la cour des grands ! »

C'est le même Georges Wilson qui me donna ce conseil : « N'oublie jamais l'enfant qui est en toi. »

Dans la vie, j'avais plutôt tendance à le chasser de ma mémoire, celui-là, avec ses mauvais souvenirs, mais sur la scène du théâtre de l'Œuvre, un autre petit garçon se manifesta : j'étais aussi gauche qu'un écolier à ses débuts dans la récitation ! La première fois que je me suis présenté sur scène, debout, face au public, tenant entre les mains un numéro du *Herald Tribune*, les feuilles du journal tremblaient tellement que la salle a croulé sous les rires. Marcel Carné me le confirmera plus tard : « Vous, vous êtes un grand comique, mais vous ne le savez pas encore. »

Je ne sais toujours pas comment je dois le prendre...

En tout cas, dans *Oriana*, mes maladresses – je dirais plutôt mes « gaucheries » – ne cassaient pas mon rôle. Il semble même qu'elles le rendaient plus humain, et le public appréciait.

Quant aux rires dans la salle, je n'oublierai pas de sitôt celui de Serge Lama. Il était venu voir la pièce et avait foutu un tel bordel que le soir même, je lui ai écrit une lettre – non envoyée, à cause des fautes d'orthographe, comme d'habitude.

« *Cher Serge,*

Sois gentil. Si d'aventure en aventure j'avais la chance de jouer à nouveau dans un théâtre, viens, cela me fera plaisir, mais je t'en supplie, laisse ton rire au vestiaire !

Tu n'es pas sans savoir que j'ai besoin de concentration pour "acter", ton rire fait s'esclaffer tout le monde, le spectacle est dans la salle et tu fous tout par terre !

T'es pénible... Tu ne m'en as pas fait assez baver lors du tournage de Placé en garde à vue *? Tu te souviens de cet inspecteur un peu grunge qui n'apprenait pas ses textes et qui, pour se les rappeler, collait des Post-it un peu partout le long du travelling ? Tu t'amusais à les intervertir, avec la complicité des machinistes, juste pour que je me plante et vous fournisse votre dose de rigolade quotidienne ! T'as quel âge ?*

Ça ne fait rien je t'aime. Toi le boulimique de mots et de belles mélodies, le séducteur invé-

téré… réservé à la gent féminine, le protecteur, le père.

Je crois savoir que tu as déjà un Frédéric dans ta vie, mais s'il te prenait un jour l'envie de m'adopter, sache que je m'appelle moi aussi Frédéric, pupille de la Nation ou tout comme, je suis donc adoptable.

Je t'embrasse comme je t'aime, c'est-à-dire je t'étouffe.

Ton ami et… qui sait,
peut-être bientôt ton fils. »

Parfois, j'ai la plume lucide : cette manie que j'ai d'étouffer les gens, avec mon besoin d'amour… Normal qu'ils n'en puissent plus un jour, et s'éloignent de ce boa constricteur.

Il faut dire que Serge m'avait tendu la perche dans une missive de son cru, après le tournage de *Placé en garde à vue.*

« *Il y a en toi un secret… Tu te réfugies dans la modernité comme ces villes rebâties qui n'ont que le ciel pour racines. Huit mois à vivre et à travailler avec toi, mais tu as conservé ton mystère.*

Ça ne fait rien, je ne suis pas pressé !

Le théâtre va t'apporter ce qui te manque :

la chaleur d'un public. Tu as tellement besoin qu'on t'aime... »

*
* *

Je ne parlais jamais de mes misères d'enfance ni de mes états d'âme aux gens du spectacle. D'ailleurs je ne pensais pas à mes malheurs passés. J'étais dans la boulimie du présent, avide de connaissances, de découvertes, de sympathies, de tendresse. La généreuse tendresse de Mireille Darc, sa douceur incroyable, sa façon discrète et si féminine de me rassurer... Le courage d'Anny Duperey, pudique mais blessée, en quête de cieux plus apaisants... La virevoltante Clémentine Célarié, avec qui j'ai tellement dansé ; Clémentine dans la vie, une mère louve...

Et plus tard, Hélène Vincent ! Quand elle m'embrassait, elle embrassait son fils, et je ne « jouais » plus son fils, je l'étais. Marie-José Nat, ma mère dans *Le Clan*, se montra plus distante, et Victor Lanoux carrément glacial. Mais peu importent ces exceptions. Pendant les six ou huit mois – voire plus – que nécessitaient les tournages, j'avais une vie « normale », des parents, une tribu, de l'amour à recevoir.

Comme une abeille je butinais la sève de cet amour si bien « joué » qu'il me procurait du bonheur.

Sauf que c'était un bonheur en CDD. Un contrat qui durait le temps d'une fiction que j'avais prise pour la réalité. Un contrat qui se terminait au dernier tour de manivelle.

Je ne me suis jamais fait au départ de la troupe et au désarroi dans lequel il me plongeait. Chaque fois, j'avais eu un père, une mère, des sœurs, des frères, des cousins que j'avais aimés comme si c'étaient les miens, comme si c'était ma vie, alors qu'il s'agissait d'une vie en trompe l'œil. La dernière prise en boîte, chacun pliait bagage avec la hâte de retrouver sa vraie vie, avec ses vrais enfants, parents, oncles et tantes, me laissant face à mes fantômes.

Clémentine Célarié m'a bien mis les points sur les i, un jour, à propos de ces départs. « Tu as mon téléphone mais je te préviens, je ne réponds jamais aux messages, une fois passé l'instant de la séparation. »

Sachant cela, je n'ai jamais cherché à revoir mes familles de rechange. Pas un coup de fil. Elles m'avaient abandonné comme la cigogne au long bec qui m'avait déposé à Upie, au milieu du désert des robes grises…

Malgré ce mal-être insidieux et ces déceptions infantiles, je me suis contenté sans grands dommages des leurres de cette commedia dell'arte – sans doute parce que je ne les avais pas encore analysés – jusqu'en 1994.

Et c'est là, en plein succès, que j'ai reçu à la fois la révélation et le coup de grâce.

– 28 –

Joyeux anniversaire

18 décembre 1994, j'ai trente ans.

« *Joyeux anniversaire !* » s'écrie Julien, qui souhaite que dame Fortune continue de me combler comme ces dernières années.

Nous célébrons cet événement dès le petit déjeuner, dans notre rassurante intimité de non-amants qui s'aiment.

Puis Julien m'embrasse et s'en va travailler. Moi je cours dans ma chambre et sanglote sur mon lit.

Je sanglote sur je ne sais quoi. Je m'en prends à Dieu, Lui demande qu'Il ne détourne pas Son regard de moi, qu'Il apaise ce mal-être qui se distille en moi comme un poison, en dépit de toutes les chances dont j'ai bénéficié.

Quand je me rends dans la salle de bains pour me refaire un visage, je ne vois pas de larmes dans la glace du lavabo. La source est tarie et mes sanglots sont secs. Comme mon cœur et mes souvenirs.

J'ai vaguement honte de moi. Je trouve que je joue un peu trop au malheureux, que je geins sur un sort qui n'est guère détestable ces temps-ci. J'en ai assez de ne pas comprendre.

Soudain, dans le miroir, s'esquisse l'image de l'adolescent en pleine mue qui se grimait dans la salle de bains de sa mère.

Et là, les larmes jaillissent. Je pleure comme un enfant et me dis que je suis un con.

*

* *

Elle me manque, voilà tout. Est-ce si dur de le reconnaître, de m'accrocher à la promesse que je me suis faite, il y a des lustres, de la rayer de mon existence ? Une fois pour toutes « bien fait pour elle » ?

Voilà près de quinze ans que je l'ai enfermée dans les abîmes de ma mémoire, seul moyen à mon sens d'échapper à la haine et à la prison de la rancœur. Pensant que la liberté passait par l'oubli, et ma reconstruction par le travail.

C'est à partir de 1992 qu'elle a forcé les portes de mon subconscient. *Les Cœurs brûlés* m'avaient fait connaître d'un large public et un jour, une idée a surgi dans ma tête, sans crier gare : « Est-ce qu'elle regarde la série ? » Depuis deux ans, par instants, cette question resurgit comme un flash. M'a-t-elle vu ? Est-elle fière de ma réussite ? Ou s'est-elle, comme mon père, transformée en admiratrice cocardière ?

Il y a peu, lors d'un voyage professionnel, je suis passé par le petit bourg du sud de la France où il habite désormais. Je l'ai trouvé sur la place du village, entouré de copains, en train de jouer aux boules. À peine m'a-t-il aperçu que, sans même me demander ce que je faisais là, il m'a présenté à tout le monde, bombant son torse tatoué, genre « c'est moi le père ! ». Tous me regardaient comme une bête curieuse, me posaient des questions sur les péripéties de l'intrigue, et sur les autres acteurs qu'ils n'appelaient pas par leur nom mais par celui de leur personnage.

La comédie continuait... Pas une seconde mon cher papa, que je n'avais pas vu depuis plusieurs années, ne s'est soucié de savoir comment j'allais, si j'étais heureux, marié, père de famille, rien. Il plastronnait, il était content, voilà tout.

J'ai quitté l'assemblée le plus aimablement possible, sourire aux lèvres, et j'ai signé quelques bouts de papier faute d'avoir des photos sur moi. Pour rien au monde je n'aurais voulu décevoir ce géniteur qui ne me décevait même plus. Il était ainsi, j'en avais pris mon parti. À défaut d'avoir un vrai père, j'avais un fan de plus, c'était déjà ça.

Mais elle… ce n'était pas pareil. Elle m'avait quand même dit qu'elle m'aimait, sur le seuil du pensionnat d'Upie. Elle m'avait reçu chez elle, raccompagné jusqu'au bus qui me reconduisait vers ce que je tenais pour un orphelinat, donné quelques billets lors de ma dèche à Valence… Certes, elle m'avait fait comprendre que je n'étais pas le bienvenu dans sa nouvelle vie, avec son aviateur allemand. Peut-être avait-elle honte de moi, à l'époque. Et sans doute y avait-il de quoi, vu ce que j'étais devenu, même si c'était en partie sa faute.

Seulement aujourd'hui, tout a changé. J'ai trente ans. Je suis un homme maintenant. Je suis surtout un autre. Je ne suis plus un vagabond, je travaille. Je suis connu, elle a donc la preuve que j'ai « bien tourné » (sans jeu de mots !).

Franchement oui, je suis un con. Qu'est-ce que j'attends ? D'accord, je n'ai plus de ses nouvelles depuis des années, mais je ne lui en ai pas donné non plus. Qu'est-ce que j'attends pour conjurer le malheur ? Si ça se trouve, elle n'espère que ça.

Je décide alors de lui faire la surprise, et de m'offrir ce cadeau pour mon anniversaire.

*

* *

Une sorte d'excitation m'anime, comme lorsque l'on découvre, dans une énigme, le petit détail qui va résoudre toute l'affaire. L'évidence du bien-fondé de ma décision remplit mon cœur d'une joie inconnue.

Je décroche le combiné du téléphone, j'ai vérifié, elle est toujours dans l'annuaire. Et je compose le numéro de celle dont j'avais fait la gardienne du temple, dans la maison que j'avais conçue au milieu du bac à sable d'Upie.

« Allô ?

– C'est qui ?

– Ton fils...

– Lequel ?

– Ton bébé, comme tu disais...

– Qu'est-ce que tu veux ?

– Aujourd'hui j'ai trente ans, c'est une étape dans la vie d'un homme, aussi j'ai eu envie de t'appeler… J'ai tellement de choses à te dire, je… »

Elle reste muette au bout du fil, je perds toutes mes marques.

« Allô ?

– Ne me téléphone plus jamais ! »

Bip… Bip… Bip… Bip…

Je reste là, figé, le combiné à l'oreille, seul au monde soudain, plus de Julien, plus d'amants, plus d'amis, plus de reconstruction par le travail, arrêtez ce cinéma, *cut* ! Elle m'a anéanti.

Je me sens maudit. Ma créatrice m'a maudit et le Créateur, je le crains, ne pourra rien y faire. Quand on est exécré à ce point, on a envie de devenir exécrable, même à ses propres yeux.

Histoire de justifier l'anathème.

– 29 –

Lumières et ténèbres

Côté lumières, rien n'a changé. J'ai continué de tourner à tout va, du bon et du moins bon, c'était à prendre ou à laisser : je prenais, je ne voulais pas de temps morts. J'ai aujourd'hui une cinquantaine de films au compteur – pour la télévision ou le cinéma –, deux séries à succès, deux rôles au théâtre, trois courts métrages, une réalisation, sans compter les doublages. En vingt-huit ans, je n'ai pas chômé. Encore une chance non négligeable.

Après mon désastreux trentième anniversaire, la série *Sous le soleil* m'a entraîné dans une aventure délicieuse. En 1997, j'ai eu le rôle principal de *Dancing North* de Paolo Quaregna, et en 1998 j'ai reçu à Turin le prix d'interprétation masculine dans *Mi sei entrata nel cuore come un colpo di coltello* de Cecilia Calvi. J'ai joué dans

Les Filles du maître de chai de François Luciani, dans *La Proie et l'ombre* d'Olivier Chavarot, puis dans *Sans famille* de Jean-Daniel Verhaeghe avec Pierre Richard, dans *Romance sans paroles* du même réalisateur avec Cristiana Reali, et *Sous le soleil* a repris sa course vers le succès en 2002. J'en passe, mon but n'étant pas ici de faire une bio d'acteur, je laisse cet exercice aux monstres sacrés, qui le doivent bien au talent que Dieu leur a donné, et à leurs admirateurs.

De tournage en tournage, je continuais donc de m'offrir ces parenthèses « familiales » dont j'étais cependant de moins en moins dupe, mais que je savourais comme les échappées belles de mon adolescence.

À cette nuance près que dans ces fugues répétitives, je cherchais à fuir une prison beaucoup plus cadenassée que le pensionnat du Chambon-sur-Lignon.

Je me fuyais moi.

*
* *

Quand l'être qui vous a mis au monde vous prouve sans appel qu'il ne vous aime pas, vous ne vous jugez plus « aimable ». Qui pourrait vous aimer mieux que l'auteur de vos jours ? Je me mis à redouter les regards et les jugements. Je restais affable, courtois, mais surtout ne pas aller plus loin que des rapports de surface, risquer une familiarité qui pourrait me mettre à nu, moi le rejeté, donc rejetable.

Jusque-là, j'étais plutôt tourné vers les autres, en quête d'amour, certes un peu trop, mais je me croyais digne d'en inspirer.

Terminé. J'avais perdu confiance. Dès qu'une histoire d'amour ou d'amitié s'installait, le spectre de l'abandon revenait me hanter. J'étais pourtant un être aimant, mais persuadé que l'amour en retour n'était pas fait pour moi. Je n'avais manifestement pas été programmé pour ça. Alors quand les choses allaient trop bien, la machine se bloquait. Je devenais odieux, insatisfait, récriminateur. Je provoquais la rupture ou la fuite avant d'être quitté.

Les peurs bloquaient ma vie.

Peur d'aimer.

Peur qu'on ne m'aime pas.

Peur d'être oublié sur un quai de gare.

Peur qu'il n'y ait personne aux rendez-vous de ma vie.

Peur de parler de mes peurs. La peur, comme l'argent, n'est pas un sujet de conversation.

Même la fête, cette joie éphémère mais qui demande elle aussi un partage, ne m'attirait plus. Les vers de Baudelaire résonnaient dans ma tête.

Pendant que des mortels la multitude vile,
Sous le fouet du Plaisir, ce bourreau sans merci,
Va cueillir des remords dans la fête servile,
Ma Douleur, donne-moi la main ; viens par ici.

Ma douleur, je l'entraînais dans la solitude, la coke, l'amour tarifé et cette fois-ci, c'était moi qui payais.

Au petit matin, un ou deux Lexomil venaient juguler la honte.

Jusqu'ici, je n'avais touché aux substances illicites que lors de soirées un peu *hype*, histoire de me dépasser dans la danse – que j'adorais –, et dans cette sorte de miracle de la nuit qui transforme les manants en rois. Jamais je ne m'étais fait une « ligne » pour m'inspirer dans le travail, c'est pourquoi je ne suis pas devenu accro et c'est ce qui m'a sauvé.

Seulement là, c'était beaucoup plus pervers. La coke m'aidait à précipiter mes retraites nocturnes dans l'accomplissement du verdict maternel : l'anéantissement et le prix à payer pour mon existence *inacceptable*, puisque ma propre mère ne l'acceptait pas.

Être renié par sa mère, c'est comme si elle avait avorté.

J'étais pourtant bien foutu et j'avais du succès, beaucoup de succès, augmenté depuis peu par ma notoriété cathodique. Mais je n'y croyais plus. Je n'avais pas été désiré, je n'étais donc pas désirable.

Je ressentais cependant plus que jamais le besoin de bras qui m'étreignent, et cette fureur du désir qui me donnait l'impression d'exister, mais je préférais payer. Pour que ce soit bien clair : pas de fausses promesses, plus de peur d'être délaissé, plus nécessaire de me montrer détestable pour justifier une séparation avant l'abandon inéluctable, juste un « règlement de comptes » entre moi et moi.

Je m'enfermais dans une chambre d'hôtel à six sous – tant qu'à être glauque, que le décor le soit aussi –, j'y recevais un inconnu dont je réglais la prestation à l'avance, après avoir pris ma « ligne de (mauvaise) conduite », et je finissais la nuit seul, dans les délires d'une autosatisfaction dérisoire : j'avais payé le prix de la déchéance à laquelle on m'avait contraint.

Quand le soleil se levait, histoire de fuir les lumières de lucidité qu'il pourrait m'apporter, j'avalais quelques cachets de Lexomil pour digérer le désespoir, et affronter la journée sans regrets. Je n'ai jamais été accro à la coke, mais au Lexomil, oui. C'est tout dire…

Mes nuits fauves étaient devenues noires, mes réveils comateux et mes jours sans saveur.

*
* *

À ce stade, il est recommandé, je suppose, d'aller voir un psy.

Mais je ne voulais pas de psy !

J'en avais eu ma dose, à Upie, au Chambon-sur-Lignon, et au patronage de Sauzet.

Des abrutis prétentieux, qui ne levaient même pas les yeux de leurs fiches quand j'arrivais dans leur cabinet, puis soudain semblaient prendre conscience de ma présence et me posaient chaque fois cette question idiote : « Alors, comment ça va ? » Comme si ça pouvait aller autrement que mal dans ce genre d'établissement, surtout quand on vous y a déposé en poste restante, tel un colis que personne ne viendrait réclamer.

Après ce discours de bienvenue, ils me faisaient faire des dessins abscons, empiler des cubes de carton les uns sur les autres... Ils me demandaient à quoi me faisaient penser des cercles rouges, des carrés jaunes, des croix... Je leur répondais – en totale mauvaise foi – que je voyais là des cercles, des carrés et des croix. De toute façon, je connaissais le verdict, toujours le même ; ils griffonnaient en gros sur la fiche me concernant :

INAPTE

Inapte à quoi ? À faire des études ? Certes, je détestais l'école, mais je n'étais pas nul. Inapte à la sociabilité, avec les pensionnaires d'Upie qui ne voulaient pas s'amuser avec moi, avec mes jeux dans la salle des lavabos lors de mes week-ends solitaires, avec les graines de malfrats du patronage de Sauzet ? N'empêche, le qualificatif m'a marqué et m'inquiétait encore, à trente ans passés, lors de mes dérives nocturnes.

Le gag, c'est que le même adjectif est apparu sous la plume du psychologue de l'armée, quand j'ai été convoqué pour le service militaire.

À un moment donné, il a remarqué, à mon poignet, la cicatrice laissée par mon coup de poing dans la vitre de la cabine téléphonique du Chambon-sur-Lignon, quand ma mère – déjà ! –

m'avait raccroché au nez après ma nuit de mue au parc Louis-Jouvet de Valence.

– C'est quoi, ça ?

Le souvenir a dû me faire pâlir : il en a déduit que j'avais fait une tentative de suicide. Ce qui est rédhibitoire à l'armée : réformé !

Je n'ai pas démenti, mais pas pour les raisons qu'on peut imaginer. Simplement, soudain, une angoisse m'a étreint : et si le fracassement de cette vitre de cabine téléphonique avait réellement été une tentative de suicide ?

Ce qui m'a conforté dans l'idée que fréquenter les psys rendait fou.

*
* *

J'ai donc renoncé – à tort sans doute – aux bienfaits de Freud, Lacan et compagnie. J'étais en pleine révolte contre moi-même et me croyais de taille à régler mes problèmes tout seul.

Je ne me faisais pas de cadeaux. Qu'étaient devenues mes belles prétentions de la forêt magique : « Je serai le fils de ma propre vie » ? Notez que si la formule est belle, sa signification est d'une connerie abyssale, et d'une prétention à l'avenant. Je n'avais plus l'âge de ces envolées. Je faisais juste le bilan, et n'y voyais rien de positif.

Un jour, las de cette négativité, j'ai décidé de réagir.

Balancier de l'histoire individuelle et collective : la mienne se répétait, mais en sens inverse. J'en avais eu assez, autrefois, de mes jobs monnayés du parc de Valence, soudain j'en eus assez de mes nuits aux élans réglés à l'avance et de l'abrutissement de mes matins.

Je ne priais plus Dieu, même si ma foi restait intacte. J'étais si honteux de mon comportement que je préférais éviter de Lui parler et de m'exposer ainsi à Son jugement. Comme si, dans un réflexe infantile de « pas vu pas pris », je pouvais, par ce subterfuge, me dérober à Ses foudres. Et puis sans doute avait-Il affaire à des causes plus importantes que la mienne et attendait-Il que je me reprenne en main.

« Aide-toi, le ciel t'aidera. »

Il me fallait donc réagir, tuer ce mal provoqué par une femme, ma mère, faire mal à mon tour, me venger. Et puisque ma mère demeurait inatteignable, je me vengerais sur les autres, les autres mères en puissance, les autres femmes.

Je n'ai pas décidé cela consciemment, bien sûr. J'aurais aussitôt trouvé ce remède débile. Mais la suite de l'histoire m'a prouvé que ce germe imbécile de vengeance était latent chez moi, et que je pensais, dans les délires de ma souffrance, qu'il contenait la promesse d'une libération.

Quand une créature de Dieu, croyante de surcroît, en est à ce point de fascination pour la haine et le désir de vendetta, le diable ne laisse jamais passer l'occasion.

Il organisa le rendez-vous.

IV

PIÈTRE VENGEANCE

– 30 –

La mère expiatoire

Que l'on ne se méprenne pas sur le ton de cette partie du livre, les lectrices en particulier. J'ai moi-même eu du mal, en l'écrivant, à retrouver la rage dévastatrice qui a inspiré mes paroles et mes actes, après quelques années d'égarements nocturnes.

J'avais toujours eu – j'ai toujours – pour les femmes un respect frisant la vénération. Tante Sylvia, mère Sainte-Florida ma chiffonnière du cœur et toutes les amies qui ont croisé ou suivi mon chemin m'ont prouvé à quel point leur attention, leur indulgence, leur courage et leur dévouement pouvaient ensoleiller la vie d'un homme. Et je continue de savourer les bienfaits de leur fréquentation.

Mais quand le diable s'est mêlé de mettre en scène ma vengeance, il en alla tout autrement.

J'avais la rage, comme on dit dans la Seine-Saint-Denis (je refuse d'appeler ce département le 9-3, comme s'il s'agissait déjà d'un numéro d'écrou collectif).

Pour être parfaitement honnête, je dois reconnaître que, même avant que Satan ne mène le bal, il m'arrivait d'émettre quelques bémols dans mes louanges de la gent féminine. Je respectais et aimais tendrement les femmes, toutes les femmes… sauf celles qui avaient l'imprudence (l'impudence ?) de céder à mes insistantes tentatives de séduction.

Je l'ai déjà dit, je cherchais toujours, dans mes conquêtes, la femme qui m'avait abandonné.

Je les choisissais de préférence grandes et brunes, les yeux noirs et le teint mat : c'était « mon type de mère ».

Redite encore : je voulais une maman, elles attendaient un homme, pas un fils.

Je les abordais plein d'espoirs irréalisables, je leur murmurais les mots extasiés qu'elles rêvaient d'entendre, elles écartaient les cuisses pour mieux me phagocyter, c'est du moins comme ça que je le prenais.

Je n'avais aucune envie d'elles. À l'âge adulte, l'Œdipe n'a plus cours.

Je supportais mal leur désir incestueux, et leur double personnalité. Capables de tout donner quand elles aiment, sans s'économiser, à condition que l'homme de leur choix les honore comme elles l'espèrent, et comble leur avidité amoureuse. Rien que de très normal, sauf que je n'appartenais pas à cette catégorie de soupirants.

Je me comportais en amant efficace, mais peu inspiré. Elles le sentaient. Et quand les femmes sentent ce genre de choses, elles sont capables de se transformer en machines de guerre redoutables, pour se faire adorer selon leurs critères, ou pour se venger si elles n'y parviennent pas.

Évidemment je fuyais avant qu'on en arrive là. À mon tour je les abandonnais sans préavis, et tant pis pour elles si elles en pleuraient, elles avaient démérité.

Je leur en voulais de ne pas nourrir à mon égard un sentiment dont se plaignent d'autres hommes, à raison : la tendresse maternelle dont font parfois preuve leurs compagnes, et qui peut étouffer le désir.

Mais avant que le diable ne décide de mijoter son scénario vengeur, je ne les avais jamais détestées.

Désormais, tout était différent. J'avais du fiel à déverser, de la rancune à évacuer, Satan a su me guider dans le choix de ma victime. Jusque-là, j'avais toujours jeté mon dévolu sur des amantes de qualité. Or Satan n'est pas idiot. Il savait que je serais incapable de me comporter en salaud avec une fille « bien », une gentille qui m'aurait fait fondre de remords à la première blessure injustement infligée. Il m'en a dégoté une sur mesure, un monstre d'égoïsme, une horreur d'inhumanité, une mante religieuse qu'il fallait surpasser en cruauté si l'on ne voulait pas finir dévoré dès le premier coït.

Et pour avoir une bonne occasion de se réjouir de sa farce, il me l'a fait rencontrer à Saint-Barth', là où Jo, ma première « femme-mère », avait pendant quatre ans participé à ma renaissance.

*
* *

Un jour, à Saint-Barthélemy, où j'avais décidé d'emmener Julien, je roulais à fond la caisse au volant d'une Austin Mini Moke, flirtant avec les étoiles, quand je rencontrai Diego sur le bord d'une route sinueuse non loin de la commune de Saint-Jean. Pieds nus, un sac à la main, il errait comme une âme en peine.

Nous nous étions connus à Paris des années auparavant. Il tenait un petit restaurant rue Lepic, à Montmartre. J'adorais cet endroit, c'était devenu ma cantine. Il m'arrivait certains soirs, lorsque j'étais à l'ouest, d'y assurer le service de façon plutôt déjantée.

Je m'arrêtai à sa hauteur, surpris, j'ignorais qu'il séjournait sur l'île. Il me raconta que sa bonne femme l'avait foutu dehors parce qu'il avait refusé de la baiser, et qu'il ne savait pas où dormir.

Je lui dis de monter avec nous, sur les hauteurs de Saint-Jean où nous habitions chez mon meilleur ami, le pharmacien de Gustavia. Je lui proposai de dormir là. Il accepta et vint me rejoindre dans ma chambre. Nos corps n'étaient pas étrangers l'un à l'autre, nos peaux s'étaient déjà frottées lors de nos nombreuses nuits blanches à Paris. Je lui proposai de rester là le temps que l'orage soit passé.

Le lendemain, en allant surfer, nous croisâmes son « amie », l'hystérique qui lui avait, la veille, coupé les vivres et ordonné de déguerpir.

Il s'arrêta à sa hauteur.

Je partis de mon côté, après avoir pris soin d'embrasser Diego sur la bouche, en la dévisageant. Elle était blonde, de petite taille, pas vraiment belle. Elle avait surtout l'âge d'être sa mère.

Je ne les revis pas les jours qui suivirent.

Quelques mois plus tard, de retour à Paris, je revins voir Diego dans son bistrot de la rue Lepic. Je passai derrière le bar, nous servis deux mojitos.

J'aimais beaucoup Diego. Il était très beau, métissé, d'un père français et d'une mère vietnamienne, il avait de grands yeux noirs, légèrement bridés, et une peau de satin.

On refaisait le monde, parlant de tout et de rien, quand une femme franchit la porte. Je crus que c'était une cliente et je ne la reconnus pas immédiatement. Diego la rejoignit, au garde-à-vous, dressé comme un clébard. Ils eurent un échange orageux que je m'efforçai de ne pas écouter, puis Diego me demanda si je pouvais tenir la boutique une demi-heure et ils partirent tous les deux.

La demi-heure, en fait, se transforma en deux heures durant lesquelles je fis le service et m'occupai du bar.

J'appris à son retour qu'il était allé « lui en mettre un p'tit coup ». Un petit coup de deux heures ! De deux choses l'une, soit Diego était un peine-à-jouir, ce que je savais ne pas être le cas, soit sa copine était une nympho insatiable.

Elle arriva un peu plus tard, les yeux bordés de reconnaissance. Elle était d'un calme olympien. Diego et moi nous regardâmes du coin de l'œil, d'un air entendu : elle avait eu sa dose.

Elle commanda une coupe de champagne, et s'étala de tout son long sur un sofa. Elle avait l'air grotesque dans sa tenue d'adolescente attardée. Elle n'avait d'yeux que pour lui, moi j'étais invisible, transparent. Elle devait sans doute penser que j'étais un nouveau meuble, ou quelque chose dans ce goût-là.

Elle ne savait rien de moi, j'en savais assez sur elle.

Elle siffla ensuite quelques litres à même la bouteille, et c'est complètement bourrée, titubante, qu'elle prit congé de Diego et du nouveau mobilier.

Elle sortit, grimpa tant bien que mal dans son coupé BMW. Diego et moi fermions le rideau de fer, il décida de la raccompagner, la poussa sur le siège avant « passager », s'installa au volant et démarra en trombe.

Puis la voiture stoppa net, fit marche arrière, et s'arrêta à ma hauteur. La nymphomane baissa sa vitre, elle venait peut-être de se rendre compte que je n'avais pas grand-chose à voir avec quelque meuble que ce soit, et me lança :

« On s'est pas déjà vus ?

– Si, en coup de vent sur une plage de Saint-Barth'. La veille, j'avais recueilli Diego qui, semble-t-il, était sans domicile fixe, pour faute professionnelle... »

Celle-là, il fallait que je la balance.

Il y eut un malaise, prolongé d'un silence.

Après m'avoir assassiné du regard, Cruella remonta sa vitre, et la voiture repartit dans le bon sens.

Tandis que Diego et sa « vieille » aux hormones débridées s'éloignaient, je restai un moment pensif.

Je ne le savais pas encore, je n'avais toujours pas trouvé cette mère que je désirais tant, mais quelque chose venait de changer : la quête de la parfaite génitrice de rechange était en train de se tirer à vive allure, dans un coupé BMW noir, conduit par le faux fils d'une mère fouettarde.

J'en avais soupé de tout cet amour refoulé pour une mère idéale introuvable : au son des roues qui crissaient dans la nuit, il se métamorphosa soudain. On dit que l'amour est le parfait antidote à la haine ; inversement, la haine me guérirait de cette soif d'amour que personne n'était à même d'étancher.

Cette femme que je rencontrais pour la deuxième fois et qui m'avait confondu avec le mobilier venait, sans le savoir, d'éveiller en moi une pulsion nouvelle : elle serait désormais l'objet de mon ressentiment.

Je décidai de la prendre pour mère ce soir-là, sans qu'elle n'en sache rien. Mon désir de vengeance avait trouvé sa proie. Cette femme ô combien imparfaite serait ma mère expiatoire.

Aucun remords à l'horizon, ma haine avait sa raison d'être : elle était parfaitement haïssable. J'allais lui faire payer au prix fort le poids de mes désillusions. Elle avait des armes, certes, mais j'aurais les miennes.

Un plan machiavélique se dessinait, loin des bacs à sable et de mes rêves d'antan.

Je venais de franchir une étape.

*
* *

La machine était lancée.

Pendant des années, j'avais travaillé au coude à coude avec le Dieu tout-puissant.

J'avais semé tout l'amour que j'avais en moi sans rien récolter.

C'est avec le diable à présent que je passais un pacte.

C'est désormais sous le soleil de Satan que mes pas me porteraient, peut-être vers plus de réponses.

Je n'avais rien à perdre, il me fallait trouver une issue, quelle qu'elle soit. De toute façon, ça ne pouvait pas être pire.

– 31 –

L'appât

Je partis peu après pour Lisbonne où j'avais un rendez-vous professionnel et où je m'attardai une petite semaine. Et, dès mon retour, je me rendis chez Diego.

Le café était fermé pour cause de travaux. Je le découvris juché sur un escabeau, en bleu de travail, pinceau à la main, musique à « donf ».

Il avait l'air contrarié, il n'avait pas sa tête des bons jours. Pas non plus celle des lendemains de fêtes. Il devait y avoir autre chose.

Je lui servis un mojito, qu'il avala cul sec. Puis il enfouit sa tête entre ses deux grandes mains, et me raconta tout.

Deux heures plus tôt il s'était pris le chou avec la vieille. Il me dit que ça n'était plus possible, qu'il ne la supportait plus, qu'il était à deux doigts de la coller au mur. Il se sentait acculé, coincé. Il était pieds et poings liés : elle lui avait prêté de l'argent – contre reconnaissance de dette – pour financer ses travaux. Il savait qu'au moindre faux pas il se trouverait en difficulté.

Elle le tenait par les couilles. La seule idée de devoir encore la baiser lui filait la gerbe, mais il savait que c'était le prix à payer.

Elle était de celles qui pensent que tout s'achète, blindée de surcroît, avide de chair fraîche, et ne se privait pas de jeter son dévolu sur toutes les proies faciles – généralement désargentées – qui croisaient son chemin. Sans oublier au préalable d'établir ses propres règles.

Je fis alors part de mes intentions à Diego : il finirait ses travaux, je me chargerais de la finance.

Il accepta sans résister, me donnant même sa bénédiction.

À peine notre pacte était-il conclu qu'elle fit une entrée fracassante au beau milieu du chantier, tout de blanc vêtue, des sacs de grandes marques plein les bras. Genre « *Pretty Woman* service gériatrie ».

Elle fit remarquer à Diego qu'il n'était pas là pour boire des mojitos, mais pour repeindre les murs.

Quant à moi, elle ne me calcula pas, devant me confondre cette fois avec un pot de peinture !

« Une coupe, s'il te plaît...

– Donne-lui plutôt la bouteille, ça t'évitera de te déplacer plusieurs fois...

– Encore vous ? Vous n'avez pas de chez-vous ?

– Non, désolé, je cherche un plan pour trouver un toit. Vous n'auriez pas une loge de gardienne dans votre hôtel particulier de l'avenue Foch ? Cela dit, je me contenterai de votre coupé “BM”, si le parking est gardé. »

Elle tourna les talons, direction le sofa, où elle se vautra, comme à l'accoutumée, faisant valser négligemment les sacs de son shopping au beau milieu des pots de peinture.

Elle devait être épuisée...

Diego prétexta un rendez-vous avec sa mère (la vraie) et se tira, me laissant seul face à ce tyran en talons aiguilles.

Je décidai de l'attaquer de front, et vins m'asseoir à côté d'elle sur le sofa. Elle siffla sa coupe de champagne.

Puis elle caressa ma joue et froufrouta :

– Dis donc, je n'avais pas remarqué que tu étais si mignon.

Je répondis sur un ton de reproche attendri :

– Pour ça, il aurait fallu que tu me regardes.

Nous bûmes beaucoup, surtout elle.

Il fallait que je la fasse parler.

Ce qu'elle fit au-delà de mes espérances, me confiant qu'elle ne supportait plus Diego et qu'elle n'allait pas tarder à les congédier, lui, sa peinture, son échelle et ses pinceaux.

J'eus droit ensuite à un questionnaire en bonne et due forme, réglé comme du papier à musique. Un véritable entretien d'embauche.

Je n'eus pas à lui mentir en lui racontant ma vie.

Les mensonges, je les gardais pour plus tard.

C'est une femme faussement bouleversée que je quittai ce jour-là, profondément « touchée » par le petit oiseau tombé du nid que j'étais.

En réalité, la prédatrice jubilait à l'idée de voir en moi le futur candidat idéal pour l'assouvissement de ses fantasmes.

Je ne fis rien pour lui faire penser le contraire.

Elle ne vit de moi que ce que je voulus bien lui montrer : l'innocence faite homme. Un ingénu disponible et offert, qui prit congé d'elle avec des trémolos dans la voix.

Elle me lança un aussi langoureux que laconique « À très vite *Darling* », dans un accent british-breton parfait...

Je me retournai pour lui faire un signe. On aurait dit une murène se prélassant dans un Jacuzzi de bulles de champagne.

Le lendemain, elle me convoqua. C'est le mot. 19 h 15 au Sancerre, rue Lepic.

Elle avait une chose de la plus haute importance à me révéler, cela ne pouvait pas attendre. Je m'exécutai. Je me voulais très ponctuel...

Au début, en tout cas.

Lorsque j'arrivai, je ne la vis pas tout de suite, mais j'entendis un « *Darliiiiing...* » retentissant.

Je me dis que ce devait être mon nouveau prénom. Celui-là ou un autre...

Elle était assise sur une banquette pourpre, au fond du bar. Ce soir-là, elle avait opté pour la période « yé-yé » : minijupe à carreaux, chemisier col « pelle à tarte ». D'énormes lunettes noires lui bouffaient le visage.

Elle avait l'air triste. Elle « avait l'air »... Ce qui ne l'avait pas empêchée de commander un magnum de Dom Pérignon.

Elle avait une très mauvaise nouvelle à m'annoncer. Je feignis de craindre le pire…

Son cœur, puisqu'elle en avait un, était brisé en mille morceaux. C'est pour cette raison qu'elle s'était assise à l'écart des gens, au fond du bar. Ses énormes lunettes noires n'étaient là que pour cacher ses yeux dévastés par les pleurs…

J'allais oublier la petite boîte de Kleenex, sans doute achetée juste pour la circonstance à la pharmacie du coin et posée sur la table, à côté du seau à champagne.

Le tableau était surréaliste mais parfait. Tout était à sa place.

Bien évidemment je savais ce qu'elle allait m'annoncer. J'avais eu Diego au téléphone dix minutes avant.

Je m'assis face à elle l'air interrogateur et lui demandai, inquiet, ce qui se passait.

Elle me fit signe d'attendre la fin des soubresauts qui l'assaillaient et l'empêchaient de parler, genre crise d'épilepsie… qu'on soigne au champagne, comme chacun sait.

J'attendis donc que le traitement par bulles fasse son effet, pendant qu'elle vidait à une allure vertigineuse la boîte de Kleenex. Elle se tamponnait les joues où je n'avais pas vu, pourtant, la moindre larme, avec ces mouchoirs qu'elle froissait nerveusement avant de les jeter sous la table, un peu comme elle faisait avec ses sextoys.

Quand la boîte fut vide, dans un souffle d'agonisante, elle me murmura :

« C'est fini... Diego et moi... Fini je te dis...

– Pourquoi ? Vous alliez tellement bien ensemble !

– La jalousie, il a toujours été d'une jalousie maladive... »

Puis, cherchant à me culpabiliser, elle me lança :

– Je crains que tu ne sois responsable de ce clash, *Daaaarling*...

Je toussai un peu, prétextant avoir un chat dans la gorge, et partis dévaler quatre à quatre l'escalier qui menait aux chiottes. C'en était trop, il fallait que je me marre.

Elle était très douée pour la caricature.

Elle me prenait vraiment pour une bille. Seulement là, elle était tombée sur une bille dotée d'un cerveau, mais elle ne le savait pas encore.

Je remontai après avoir repris mes esprits et, sur mon ton le plus triste, entrepris de la consoler.

« Je suis sincèrement désolé, je peux faire quelque chose pour toi ? Tu veux que je lui téléphone ?

– Non surtout pas, il a fait son choix, après tout ce que j'ai fait pour lui... Je ne me laisserai pas bafouer... Je ne suis pas de celles que l'on quitte... Il paiera pour ça, ça va être dur, mais je m'en remettrai... »

Puis elle sembla recouvrer une sorte de paix et murmura, reconnaissante :

– Heureusement, tu es là...

Le passage du relais était fait.

Si elle avait su à quel point elle avait raison...

J'étais là en effet. Et pour un moment...

Ce qu'elle ignorait, c'est qu'il ne resterait plus grand-chose d'elle lorsque j'aurais décidé de mettre un point final à cette mascarade machiavélique.

Il ne lui resterait plus que ses yeux pour pleurer, peut-être des vraies larmes.

D'orgueil et de tyrannie bafoués.

– 32 –

Fausse manœuvre

J'avais été promu, du jour au lendemain, sex-toy VIP.

Enfin j'avais une mère... C'était loin d'être celle dont j'avais rêvé, mais je l'avais choisie justement pour cela : en connaissance de cause.

Je la voulais méchante et imparfaite, elle s'était imposée à moi.

Pire elle serait, plus elle me dégoûterait. Peut-être même arriverait-elle à me débarrasser à jamais de tout désir maternel.

Je lui ferais du mal, elle me guérirait.

Une chose était sûre : je savais où je mettais les pieds. Elle, en revanche, n'en avait aucune idée.

Elle avait pour habitude d'agiter la carotte sous le nez de l'âne pour le faire avancer à grands coups de chèques de dix mille francs. Je n'échappais pas à sa règle.

Seulement je n'avais rien d'un âne, et n'étais pas un grand fan de carottes, d'autant que je n'avais nul besoin d'argent, sauf pour dédommager Diego pour l'ingratitude de cette garce qui lui avait usé le tempérament. Donc ce qu'elle me donnerait je le prendrais, lui faisant croire, avec une certaine jouissance, qu'elle était en train de m'acheter afin de pouvoir me posséder. Elle avait envie de jouer, on allait jouer.

Elle m'avait voulu, elle allait m'avoir mais... pas comme elle le souhaitait. Malgré les apparences, ce serait moi le maître du jeu, moi qui mènerais la danse.

C'est elle qui serait ma chose, à mon service, et pas le contraire.

Je la prendrais à son propre piège.

*
* *

Nous marchions dans les rues, main dans la main, en couple...

Elle me traînait dans tous les show-rooms de Paris, m'autorisait au passage à les dévaliser, ce que je ne manquais pas de faire, un peu comme à la rentrée des classes quand une mère habille son mouflet pour l'année.

Elle trouvait mes cheveux trop longs ? Il fallait absolument les faire couper chez Tony & Guy, salon ultra-branché du Tout-Paris.

Les grandes tables n'eurent vite plus de secrets pour moi. Nous y étions accueillis à bras ouverts. Ses cartes de crédit chauffaient sans limite, elle alla même jusqu'à m'offrir un luxueux téléphone portable afin de pouvoir me joindre vingt-quatre heures sur vingt-quatre, m'interdisant d'ailleurs d'entrer d'autres numéros que le sien dans le répertoire.

À cette époque, sage et obéissant aux heures « ouvrables », je passais mes nuits à faire du réseau gay, histoire d'évacuer les soirées interminables où je jouais les amoureux transis avec elle.

Il m'arrivait de lui coller des notes de cinq mille francs par mois, elle trouvait ça *cute*. J'avais juste droit à un : « T'exagères, *Darling*… »

Certains jours, en bon gentleman, j'avais envie de lui offrir des fleurs. Elle me donnait sa carte de crédit, j'allais chez le fleuriste boulevard Pereire, choisissais le plus gros bouquet, revenais m'asseoir à la table et le lui offrais.

Elle s'attendrissait devant ce geste tellement mignon.

Elle déchanterait probablement en prenant connaissance du montant de la facture. S'ensuivait un roulage de pelles langoureux et le reste. Les yeux fermés, j'imaginais que je baisais un mec rencontré la nuit, sur le réseau, contacté avec son téléphone portable, celui qu'elle payait…

*
* *

Un jour elle voulut que l'on aille à Rome. Un petit week-end d'amour sous le soleil de l'Italie : elle avait besoin de romantisme. Je pris les devants, partis avant elle afin de mettre en place cette mini-lune de miel.

Elle avait tout régi, comme à son habitude, m'ordonnant de réserver la plus belle suite de l'hôtel d'Angleterre.

Une suite, un lit. Elle avait l'imagination fertile. Arrivé sur place, après avoir sympathisé avec le réceptionniste qui s'exprimait dans un parfait français, j'expliquai qu'une hystérique devait me rejoindre le lendemain, et qu'il était hors de question que nous partagions la même chambre.

Il comprit très vite la situation. D'autant qu'il la connaissait, ce n'était pas la première fois qu'elle ramenait ici un de ses gadgets en lui faisant le coup de la suite. Il me répondit d'un air entendu, en bonne copine, qu'il était vraiment désolé : il n'y avait plus une seule suite libre !

À mon grand soulagement, il nous attribua deux belles chambres.

Lorsqu'elle me rejoignit et l'apprit, elle débarqua telle une furie à la conciergerie, exigeant, hurlant, tapant du pied, appelant la direction, criant à qui voulait l'entendre que c'était un scandale et que c'était la dernière fois qu'elle descendait dans cet hôtel.

Ce fut un grand moment de jubilation et de complicité, partagé avec le réceptionniste.

Elle dut se résigner.

Elle monta seule dans sa chambre afin d'y prendre un bain et d'évacuer tout ce stress. Puis j'eus droit au classique dîner aux chandelles, « en amoureux ». Il ne lui fallut pas moins de deux bouteilles pour apaiser ses souffrances. Elle aurait tellement aimé passer la nuit dans mes bras !

Ça, c'était au-dessus de mes forces. Les prestations d'usage, déjà, me filaient la nausée, mais m'endormir dans la moiteur des draps souillés, pas question.

Je l'expédiai vite fait au septième ciel sur le lit à baldaquin de sa chambre « d'époque » et filai dormir dans la mienne.

Je savais que mon répit allait être de courte durée, car rendez-vous était pris pour le breakfast. Il me restait juste quelques heures pour me préparer psychologiquement et faire l'inventaire des conneries que j'allais bien pouvoir inventer pour la journée suivante.

On peut dire que c'était un travail à plein temps.

Exténuant.

Mais si c'était une coriace, moi j'étais un cas social, un pupille de la Nation, un bloc de béton armé sur lequel elle allait se péter le bridge...

Seulement je n'en pouvais plus. De retour à Paris, je compris qu'il fallait absolument que je m'en débarrasse. J'avais eu ma dose. C'est donc tout naturellement que je lui annonçai le décès de ma mère, d'une mort brutale.

Je devais partir dans l'heure pour Valence.

Elle m'accompagna, « désolée ». Et à la gare de Lyon, compatissant à ma douleur avec la tête de circonstance, elle glissa dans la poche de mon jean l'une de ses nombreuses cartes de crédit, Gold évidemment.

Je n'aimais que celles-là.

Je l'embrassai sur la joue, n'oubliant pas au passage de lui demander le code...

Elle voulut m'accompagner sur le quai, je lui dis que ce n'était pas nécessaire, que j'avais besoin d'être seul.

Je la quittai dans la rue, m'arrachant à son étreinte, et la regardai s'éloigner dans sa BMW noire, sachant que bientôt elle pourrait me chercher dans son rétroviseur jusqu'à la fin de sa vie, en vain.

Puis j'entrai dans le hall de la gare, achetai quelques journaux au rayon presse. Bien sûr, le train pour Valence partit sans moi.

Je coupai le téléphone dans l'instant T, et partis en vrille pendant toute la durée des obsèques.

La Gold s'en souvient encore. Les boîtes de Paris aussi...

Je crois n'avoir jamais eu autant d'amis en si peu de temps.

Faute d'avoir enterré une mère qui n'avait pas voulu de moi, je m'étais payé un enterrement de vie de fils, aux frais... d'une autre mère qui ne valait peut-être même pas la première.

Quand elle vint me récupérer au dépose-minute de la gare de Lyon, le surlendemain, elle voulut tout savoir. J'avais une sale gueule et les « ovaires dans le chignon », ce qui tombait plutôt bien vu les circonstances. Elle voulait entrer dans le détail des obsèques, dans le dédale de mes émotions.

Je l'arrêtai net, lui disant qu'il était encore trop tôt. Trop douloureux pour moi d'en parler si vite.

Je lui fis part en revanche de mon besoin d'indépendance, de l'opportunité de faire un « break », de ma culpabilité de vivre à ses crochets. Elle me dit que cela n'était rien, que je n'avais pas à me soucier de ces détails, qu'il était stupide de vouloir la quitter « dans ma situation » – elle me croyait toujours SDF.

Je la jouai alors « homme d'honneur ». Je devais trouver de quoi subvenir à mes besoins, c'était une question de dignité (je devais surtout assurer un tournage loin de Paris). Plus tard, quand j'aurais réglé ce problème, pour nous deux, on verrait…

Contrariée, mais certaine que je ne tiendrais pas longtemps loin de ses munificences, elle feignit d'accepter de patienter. Et, dans un geste de magnanimité destiné à me donner plus rapidement encore un goût de « revenez-y », elle me laissa la carte, ne m'imposant aucune limite.

Elle aurait mieux fait de se taire…

Je savais, en la quittant ce jour-là, que mon CDI venait de prendre fin.

Pendant une petite semaine, je fis un usage inconsidéré de la Gold aux pouvoirs magiques qui me cramait les doigts.

Tant que je gagne, je joue ! Et Diego pourra rembourser sa dette et garder son resto.

C'est sans doute pris de remords, sous le joug de la culpabilité, qu'un soir, à un distributeur en mal de générosité, je me trompai trois fois de code, incapable de me souvenir du bon numéro.

Cela sonna le glas de la fin.

*
* *

Ma mère expiatoire fut engloutie dans les limbes de ma mémoire en même temps que sa Gold…

Hélas pas l'autre…

V

CATHARSIS

– 33 –

Un homme seul à la terrasse…

Il fallait que je m'évade.

Que j'oublie pendant quelques jours la mante irréligieuse, ses fantasmes, ses exigences et ma propre stupidité.

Conscient du fiasco de mon expédition punitive auprès de ma conquête à la carte Gold, j'avais hâte de replonger dans les douces illusions de la « commedia dell'arte ».

Peu de temps auparavant, je m'étais aperçu que je n'étais pas le seul à avoir découvert les ficelles de cette comédie-cautère… sur une jambe de bois ! Jacques Martin avait déjà tordu le cou aux fausses consolations qu'elle prodiguait à nombre d'entre nous.

« Interrogez cent comédiens.

Au départ, il y a un père qui a manqué, une

mère qui a failli, une enfance solitaire, un besoin d'amour absolu.

Alors, on entre dans le jeu des masques. »

On endosse le costume de tel ou tel personnage et l'on s'y croit.

Jusqu'à ce qu'on s'aperçoive que cette usurpation d'identité n'est qu'un leurre.

J'étais pourtant heureux de retrouver ce leurre. Quitte à changer d'identité, autant « jouer » dans un film plutôt que de se détruire dans la vraie vie en se changeant soi-même en drogué de l'oubli noctambule, en micheton volontaire ou en gigolo éhonté.

Ma mère bouc émissaire avait eu au moins le mérite de m'ôter le goût de ces travestissements qui ne menaient à rien.

Dès mon retour de Rome, le spectre de la dame brune du car de mon adolescence était revenu me hanter. J'avais cru noyer cette mère dans la haine de l'autre, je n'avais même pas réussi à noyer mon chagrin. On ne guérit pas le mal par le mal.

Je décidai donc de partir passer une semaine à Lisbonne.

Lisbonne ! L'appel du Tage, les vieux tramways nommés désir des rues de la vieille cité, les petites maisons recouvertes d'azulejos ! Qu'on arrête de m'emmerder avec Venise et ses eaux troubles : s'il est une ville où les gens qui s'aiment devraient se donner rendez-vous, c'est Lisbonne.

Je ne sais pas si je suis un romantique, mais si tel était le cas, c'est là que j'aimerais aimer et être aimé.

La lumière qui inonde ces lieux me fascine, les nuits fauves des rendez-vous gays du Bairro Alto n'ont pas de secret pour moi.

Mais je ne suis pas venu pour ça.

J'ai envie de réfléchir, de mettre un peu d'ordre dans l'anarchie de ma souffrance, de parler, surtout de parler.

Pour la première fois.

Je me suis trouvé un confident très spécial à la terrasse du A Brasileira, un bistrot du quartier du Chiado. Je l'avais déjà aperçu lors de mon premier séjour à Lisbonne, en me baladant de l'autre côté de la place. Mais de loin, il paraissait si énigmatique, impressionnant avec son chapeau vissé sur la tête, ses lunettes et son port altier que je n'avais pas osé l'aborder.

Là, je me suis carrément assis à sa table. Il n'a rien dit, m'a laissé parler à mi-voix, sans jamais me répondre. Un peu comme le font les psys dont je ne voulais pas, mais avec lui je me sentais en confiance.

Je suis revenu le voir tous les jours, lui livrant en vrac mes secrets, mes douleurs et mes égarements. Parfois les mots ne sortaient même pas de ma bouche, pourtant je n'en pensais pas moins et j'étais sûr qu'il m'écoutait. Cela me faisait du bien.

Une seule chose me dérangeait, c'était la nuée de badauds qui venaient nous shooter comme si nous étions des rockstars, sans le moindre égard pour notre intimité.

Un matin, donc, tandis que je dégustais mon café près de mon nouvel ami, j'ai installé sur notre table un écriteau sur lequel était écrit en lettres grasses :

INTERDICTION DE PRENDRE
DES PHOTOS !

Ça n'a pas tardé, deux flics ont débarqué. De quel droit avais-je osé poser cet interdit ? Comme je parle à peine le portugais et que je les regardais bouche bée, ils m'ont pris pour un demeuré et ont tourné les talons, après avoir enlevé ma pancarte.

À côté de nous, une touriste française ne se tenait plus de rire. Sans doute me trouvait-elle déjà assez allumé pour converser ainsi avec une statue de bronze, mais manifestement, j'ignorais tout de la notoriété du modèle : cet homme était le plus grand poète portugais.

Fernando Pessoa. Mon premier psy.

Le seul.

Je restai là encore quelques minutes, sans voix désormais, auprès de mon confident le poète, jadis grand habitué de ce bistrot, qui continuait d'inviter les gens à venir le rejoindre à sa table. Puis je le saluai, pressé d'aller acheter une de ses œuvres dans une librairie du quartier.

J'avais parlé pour deux, mais il me semblait aussi l'avoir entendu. À travers mon monologue de malheurs qui demandait comment s'en sortir, une petite voix sans timbre m'avait juste murmuré, de déduction en déduction, que pour moins souffrir, il fallait accepter.

Facile à dire !

Et cependant, j'ai essayé...

– 34 –

En manque

La vie a repris, avec ses plateaux de tournage, ses soirées (un peu) assagies, la tendresse inaltérable de Julien, des plongées dans le noir et des soleils chauds sans lendemain.

Serais-je, en plus, inapte au bonheur ?

Le bonheur… Envie de dire, comme Marguerite Duras : « Qu'on ne prononce plus ce mot ! » De toute façon, chaque fois qu'on demande aux gens ce qu'est pour eux le bonheur, ils profèrent généralement des inepties. « Le bonheur, c'est pouvoir me regarder le matin dans la glace sans rougir. » « C'est la réussite de mon fils… » « Quand je fais le bilan de ma vie, je peux dire que j'ai été heureux. » Une bande de comptables autosatisfaits.

Seule l'approche bouddhiste me séduit. « Le bonheur, c'est une manière d'être. » De savourer les moments fastes, de se contenter de peu, de recevoir sans broncher les aléas de la vie.

Beaux préceptes, sauf que les suivre réclame une sagesse ancestrale dont je suis loin d'être pourvu.

Le bonheur, pour moi, se limite à un instant parfait, parfois. Pour le reste, je demeure apte à la gaieté, voire à la joie, mais c'est plus rare. Je n'ai pas « la manière d'être heureux » : un malheur initial m'en empêche.

Souvent je me dis que j'en fais trop, à ressasser ainsi mon abandon, et qu'il y a bien plus malheureux que moi.

J'en ai eu la preuve flagrante au Brésil, sur la plage de Copacabana.

Je sortais de la mer, de cette eau presque chaude des tropiques, et m'étais assis à côté d'une paillote, sirotant le lait d'une noix de coco.

Soudain, le ciel s'est assombri, tout est devenu noir et lourd et des trombes de pluie se sont abattues sur le sable.

Tandis que je regagnais en courant mon luxueux hôtel, j'ai vu, de l'autre côté de la route, un homme en haillons retourner une poubelle, en tirer une boîte de conserve vide, se mettre à quatre pattes pour ramasser avec l'eau de pluie dans une flaque, et la boire. Puis il s'est accroché à un bus qui allait sans doute le traîner jusqu'aux favelas.

Cette vision m'a fait froid dans le dos.

Manifestation fugace d'altruisme ? Hypocrisie de nanti, « mateur de misère » compatissant mais en surface, ou peur des lendemains qui déchantent et du confort perdu ?

Quand, à la fin des années 2000, j'ai traversé une période de vaches maigres, cela m'a secoué, inquiété, mais je n'en ai pas fait une dépression, même si ce fut dur : mon côté cigale ne m'avait pas incité à faire des économies. Qu'importe, je peux aussi bien me contenter de pâtes et d'eau fraîche que de caviar et de champagne, même si je préfère le champagne.

C'est ailleurs que se manifeste mon inaptitude.

« Accepter. »

« Il faut faire avec son destin. »

Soit. Mais que fait-on avec le manque ?

Pour moi, l'absence est un manque. Et quand elle devient obsessionnelle, on ne peut pas s'en désintoxiquer. Ce n'est pas une drogue, c'est une plaie ouverte. Un peu comme un ulcère à l'estomac, dont le premier signe clinique est la faim douloureuse.

J'ai douloureusement faim de ceux qui me manquent.

La dame en noir, la dame de pique de mon enfance en a inauguré la liste. Sa défection fut pour moi comme une mort, même si elle est toujours vivante.

Et après cette fausse mort, tous les disparus de ma vie m'ont laissé – amplifié par la première blessure – un manque lancinant.

Les années 2000 furent prodigues dans ce domaine. Collard nous avait déjà quittés, et c'est là que j'avais compris qu'on ne prenait jamais l'habitude de l'absence... Mes frères et sœur, que j'avais tenté de revoir, et même d'aider, ne m'avaient manifesté en retour qu'ingratitude, indifférence ou méchanceté gratuite, sauf Serge, mon « petit » grand frère. Après tout, j'étais le dernier-né malvenu, et avoir du succès suscitait plutôt leur jalousie que leur fierté. Je m'étais mal remis de cette nouvelle déception... Puis survint la disparition de l'ex-compagnon de Julien, mon ami-ennemi, qui s'en est allé faire chanter les nuages. Je n'ai pas pu consoler Julien, il était inconsolable. Je l'ai laissé mettre son cœur sur la table dans un livre qu'il lui a dédié.

Mais la perte la plus révélatrice – même si elle touchait surtout de près Julien – fut celle de Tanguy, son père.

Le jour des obsèques de Tanguy, l'horloger de Morlaix, je me suis surpris à envier le chagrin de mon compagnon.

– 35 –

Fils de personne

Silence dans la Merco.

Nous roulons à vive allure, Julien et moi, dans une vieille Mercedes gris métallisé, vers l'aéroport de Rabat.

Julien se tait.

Il a un rendez-vous à plus de mille kilomètres.

Il sait que ce sera certainement le dernier rendez-vous avec son père, qui se meurt dans une chambre exiguë d'un hôpital de Morlaix.

Tanguy, ce père trop aimant qui un jour l'arracha à l'amour de sa mère.

Émilienne avait dix-sept ans quand elle a accouché de Julien, Tanguy trente-deux. Un « accident » qui mettait à l'époque les familles sens dessus dessous. Mariage obligatoire, pas le temps de savoir si l'amour était assez solide pour assumer la situation.

Émilienne était si jeune… Tanguy dut considérer qu'elle n'était pas de taille à tenir son rôle, à moins qu'il ne voulût simplement plus d'elle et désirât garder le petit pour lui seul : bientôt, il partit en enlevant son fils.

De sorte que Julien, enfant, quand on lui demandait où était sa mère, répondait qu'il n'en avait pas, comme si c'était une chose normale, qui pouvait arriver, sans qu'on ait à en pâtir. Allez savoir pourquoi nous nous entendons si bien…

La souffrance est venue plus tard, quand il a compris. Devenu adulte, il a remué ciel et terre pour retrouver l'auteure de ses jours.

Il avait vingt-huit ans quand il a pu enfin la serrer dans ses bras, et déjà une autre mère : la merveilleuse Andrée, que Tanguy avait épousée après avoir divorcé d'Émilienne et fait fi du droit de visite qu'il aurait dû lui accorder.

Julien n'a pas voulu déranger l'harmonie du couple. Il faut dire qu'il adorait Andrée autant que son père, même s'il lui en voulait de son rapt égoïste. Il ne leur a pas parlé de ces retrouvailles, mais il a continué de voir sa vraie mère en cachette, choyant cette femme avec tendresse, sans pourtant parvenir à renouer ces liens intimes qu'on tisse dès la petite enfance : on ne rattrape pas le temps perdu.

Deux mères aussi affectueuses l'une que l'autre ! Ce n'est pas à moi que ça serait arrivé...

Émilienne, bien sûr, ne viendra pas à l'enterrement.

Andrée, elle, est sortie de sa maison de retraite, en fauteuil roulant, pour accompagner son époux à sa dernière demeure.

Moi non plus je n'irai pas à l'église, ni au cimetière. Je laisserai Julien pleurer seul ce père qu'il chérissait, admirait et finalement excusait. Ce père ancré dans ses préjugés autant que dans ses non-dits, au fin fond de sa terre de Bretagne.

J'ai dû voir Tanguy deux ou trois fois en tout. J'étais prêt à l'aimer mieux que mon propre père (toujours mon besoin de compensation), mais j'ai vite compris que la nature de mes relations avec son fils ne lui convenait pas. Je n'ai plus accompagné Julien à Morlaix.

Et aujourd'hui, dans la chambre d'hôtel où nous sommes descendus, je me contente de m'agenouiller près du lit et de prier pour l'âme de l'horloger.

Bref je reste « à ma place », c'est-à-dire nulle part. Je suis le spectateur de tous les chagrins, mais je ne suis pas invité aux cérémonies officielles. Tanguy n'apprécierait pas de me voir assister à sa mise en terre.

Je n'en tire aucune amertume. Je me sens juste un peu seul…

Deux jours plus tard, dernier après-midi à Morlaix.

Toute une vie de feuilles de paye défile sous nos yeux dans l'appartement du défunt.

1954, 1965, 1976, 1980…

Je regarde ces années qui passent.

Encore une chose que je vis par procuration. Je touche du bout des doigts, du bout du cœur, la sensation chaude et réconfortante, sûrement, de ce que peut être une famille.

Même cela je ne le vivrai pas.

Je regarde les photos de Julien enfant avec Tanguy, tous ces témoignages de leur amour.

Je regarde Julien. Je m'abreuve, tel un vampire, de ses émotions.

Je suppose que j'en profite. Jamais je n'aurai la chance d'éprouver ce chagrin. Jamais je ne viderai la maison de mon père, jamais je ne trouverai de photos de moi, enfant, gardées bien soigneusement par une mère aimante.

J'aurais tellement voulu être le fils de quelqu'un !

C'est pas grave, j'aide Julien. Je l'aide à remplir des sacs entiers des témoins administratifs de la vie de l'horloger. Sa peine est la mienne, sa joie et ses souvenirs je les fais miens. Tant pis pour les autres, les gardiens du temple, ils n'avaient qu'à pas déserter.

Je vois sortir un à un les sacs noirs pleins d'une existence qui s'en est allée.

Repose en paix, Tanguy. Toutes tes affaires sont parties, ton appartement est vide à présent, tout a été fait, tout est en ordre.

L'ordre que tu aimais tellement.

Réglé comme une horloge, une de ces belles comtoises que tu chérissais tant...

Maintenant qu'on en a terminé, Julien émet le souhait d'aller se recueillir encore une fois sur la tombe de son père, avec Andrée.

Je les accompagne – Julien pousse le fauteuil roulant de sa deuxième mère –, mais je reste à la porte du cimetière. Je n'ai pas besoin, pour prier, de me planter devant une tombe où je ne suis pas le bienvenu.

J'attends la veuve et l'orphelin, debout, appuyé sur le dos d'un banc.

Je me noie dans les petites flaques qui stagnent au ras du sol. Il a beaucoup plu, ce matin.

Mes yeux s'ouvrent puis se ferment, aveuglés par le soleil chaud et généreux qui se reflète dans l'eau.

Devant moi un arbre immense, très feuillu, trône au milieu du gazon. La fatigue me prend, je contourne les flaques et me retrouve allongé sur le gazon, sous l'arbre.

L'odeur de l'herbe, fraîchement coupée, m'enivre. Je la respire, les yeux clos.

Je m'assoupis, une minute, deux, je ne sais pas. Le temps s'arrête. J'ouvre les yeux, je suis bien.

Allongé à quelques mètres seulement de cette alcôve où Tanguy et ses voisins reposent pour toujours.

Sur le sol froid, au pied de cet arbre majestueux.

À travers les feuillages touffus je peux voir les nuages, très blancs, cotonneux puis gris métallique, poussés par un vent frais.

Je les observe, là un visage qui me sourit, là une montagne au col neigeux, là un chien, là les contours de la France.

Ils racontent des histoires, les nuages.

Je suis allongé là, sur le sol, sous cet arbre majestueux.

Mon corps est lourd. Il ne m'appartient plus. Seul mon visage résiste. Je respire. Mon corps s'enfonce, englouti par le tapis vert, la terre m'aspire.

À quelques mètres seulement de cette alcôve où dorment à jamais Tanguy et ses voisins.

Ma vue se brouille, ma tête tourne, je les sens qui m'appellent, m'invitent à rendre les armes, à savourer leur paix.

Gazon mouvant. J'ai peur.

Dans un ultime effort, je me débats, tape du pied, je m'extirpe avec violence de ce lieu vert.

Je refuse l'invitation des locataires de l'alcôve. Il est trop tôt, bien trop tôt.

Non, je n'irai pas dormir dans cette alcôve.

Je ne donnerai pas ma dépouille en pâture à la vermine de la terre.

Je veux encore brûler sur cette Terre, avant d'aller, qui sait, brûler en enfer.

Des bruits de pas sur les graviers, des roues qui grincent, un fauteuil que l'on pousse, le visage éploré de la veuve perdue dans un avenir improbable, Julien essuie les larmes de sa mère.

Dans le ciel les nuages s'en vont se raconter ailleurs leurs histoires, poussés par le vent qui forcit.

Je respire, profondément. Je remercie une dernière fois les locataires de « l'alcôve » pour leur précoce invitation. On ne m'aura pas comme ça.

N'empêche, je me suis fait peur. C'est pas normal, ce genre de tentation, à mon âge. Il va falloir faire quelque chose.

Mais quoi ?

– 36 –

Écrire, m'ont-ils dit…

À peu près à la même époque, j'appris un jour que Mireille Dumas manifestait le désir de me recevoir dans « Vie privée, vie publique ».

Flatté, je n'allais pas décliner l'offre, mais qu'est-ce qui me valait cet honneur ?

Je compris aussitôt quand on me précisa le thème prévu pour ce rendez-vous : l'enfance…

Quelque temps auparavant, Mireille Dumas m'avait repéré dans une excellente émission de Laurence Ferrari, « Vis ma vie ». Dans cette émission, un personnage connu devait pendant quarante-huit heures « vivre la vie » d'une autre personne, qui exerçait un métier différent du sien. Instituteur, boulanger, médecin… Dois-je au hasard ou à quelque indiscrétion amicale le fait d'avoir été choisi pour jouer le rôle d'un éducateur dans un centre pour enfants abandonnés ou orphelins ? En tout cas ça tombait bien : je connaissais le sujet.

Nous voilà donc sur le lieu du tournage. La directrice de l'établissement nous ouvre ses portes avec le sourire, le staff de l'émission se confond en remerciements, congratulations, courtoisie, bla-bla-bla...

Et moi, à peine arrivé, je prends en pleine gueule le souvenir de l'enfer de Sauzet !

On n'est pas à Sauzet mais c'est du pareil au même. Même chape de plomb, même austérité, avec des mômes qui ont le même âge que le mien quand j'ai fui le « patronage ». Sauf qu'ils n'ont pas l'allure bravache des voyous de Sauzet, mais l'air absent des laissés-pour-compte du Chambon-sur-Lignon. J'ai envie d'aller leur parler, de jouer avec eux, de les faire rire ! Éclairer d'un sourire ces pauvres petits visages résignés à qui l'on a dû faire la leçon : « Soyez sages, sinon... » J'imagine les sanctions, le silence apeuré des dortoirs, leur désespoir, leur solitude... Je ne me demande pas un instant si les choses ont évolué depuis tant d'années, j'ai basculé dans les affres de mon adolescence et totalement oublié ce qu'on attend de moi. Éducateur ? Moi, éducateur ? Vous voulez rire ! Je suis de l'autre côté de la barrière : abandonné, comme eux.

Et je pète les plombs.

Premier accrochage : l'appel. Une nuée de gamins qu'on appelle par leur matricule ! Décidément, rien n'a changé ; je m'insurge. Je me prends la tête avec les éducateurs en titre, je me prends de bec avec les psys, je vais embrasser les mômes, m'accroche avec les responsables, je suis le saint Vincent-de-Paul des enfants oubliés, le « Saint-Juste » des internés de l'abandon ! C'est simple : à un moment, la directrice du centre a voulu arrêter le tournage.

L'émission a quand même été bouclée, et lors du débriefing, à quelques allusions que j'ai faites, on a compris que j'étais passé par là.

Et que j'y étais peut-être encore…

Que je le veuille ou non, je faisais toujours partie de ces mômes sans famille, qu'ils aient été orphelins, ou reniés, incompris, esseulés, voire pire. Tous ceux qui traînent depuis l'enfance de ces « casseroles » dont on ne se départ jamais, qui vous collent au cul toute une vie.

Mireille Dumas ne s'y est pas trompée.

*

* *

Sur le plateau de « Vie privée, vie publique », il y avait Michèle Bernier, la fille aimée du Professeur Choron, mais la fille de Choron quand même : pas facile... L'humour à fleur d'écorchures, attachante, courageuse, genre « mieux vaut en rire », et elle réussit à nous faire rire de tout. Mais qui sait ce qu'il lui en coûte ?

Il y avait aussi Myriam Boyer, émouvante actrice. Il y avait le fils de la grande architecte d'intérieur Andrée Putman qui venait parler de son enfance solitaire au milieu de tant d'opulence... Et enfin, il y avait un acteur que j'aime profondément, immense comédien, immense bonhomme.

François Berléand venait parler de son père, « l'homme invisible ».

Nous étions tous là, avec nos casseroles bien accrochées, je fis ce que je pus.

Évoquer ses souvenirs sur un plateau est un exercice périlleux, a fortiori pour moi, parce que c'était la première fois, mais cela s'est passé sans encombre. Mireille, « l'accoucheuse des mots », se montrait si douce, avec cette façon qui n'appartient qu'à elle de vous faire croire que vous êtes unique, que vous avez le temps, et surtout que vous n'êtes pas obligé de tout dire. Mireille et sa délicatesse ! J'ai adoré cet aparté, au point d'en oublier les caméras, mes yeux rivés aux siens.

François Berléand et moi la faisions beaucoup rire, car, timidité oblige, ou mimétisme, nous avons passé l'émission à essuyer la table de verre devant laquelle nous étions assis avec la manche droite de nos pulls.

À la fin, François est venu vers moi, m'a entraîné à l'écart du plateau et m'a dit :

– Qu'est-ce que tu attends ? Écris, écris cette douleur, c'est beau, c'est beau, mais il faut que tu t'en débarrasses.

Il n'était manifestement pas resté insensible à mes tourments, et j'ai lu dans son regard la même empathie – moins rugueuse mais tout aussi réelle – que celle de Françoise Verny qui, des années auparavant, me lançait comme défi : « Ne retiens pas les choses, lâche-toi ! »

Alors je les ai écoutés.

Je me suis assis devant une feuille blanche d'écolier, à petits carreaux sans marge, « papier ministre » comme l'annonce l'emballage.

Et j'ai confié mes maux à des mots, avec l'espoir fou d'en guérir.

– 37 –

Le grain de sable

En m'engageant sur les chemins sinueux de ma mémoire, je ne savais pas ce qui allait m'arriver.

D'abord, écrire était pour moi un exercice nouveau et quelque peu intimidant. Mais à ma grande surprise, j'y ai pris goût tout de suite, et en toute modestie. Je ne visais pas le Goncourt et n'envisageais même pas d'être publié.

C'est pour le reste que j'ai rechigné. Était-ce réellement salutaire de remuer le passé, d'aller chatouiller ces douleurs ?

Quand j'ai écrit les chapitres de mon enfance et de mon adolescence, je me suis fait cueillir par tant de souffrances que je levais parfois mon stylo, me demandant si c'était « vraiment vrai ». Si c'était bien de moi qu'il s'agissait. Le boomerang de la relecture m'a atteint comme un direct en plein cœur qui relevait de l'évidence : c'était exactement ce que j'avais vécu.

Plus tard, j'ai essayé de comprendre si la suite des événements, mes égarements, mes tâtonnements, mes erreurs et surtout ce mal-être insidieux qui gâchait mes jours les plus beaux étaient sa faute à « Elle », la dame noire qui avait laissé pleurer mes quatre ans derrière la porte rouge du pensionnat d'Upie.

Il eût été commode de le prétendre, mais je n'ai pas pu.

L'exigence de l'écriture m'a sauvé de cette malhonnêteté intellectuelle. Je ne faisais pas un roman à l'eau de rose, ni un témoignage édifiant du style : « Voyez avec quelle maestria je m'en suis sorti, malgré le handicap de départ ! »

Tu parles…

Je devais me regarder en face, devenir aussi le spéléologue des bas-fonds de mon existence.

Ouvrir les tiroirs de souvenirs peu glorieux que je ne bannis pourtant pas : cela s'est passé ainsi, c'est tout.

D'autres s'en seraient peut-être tirés de façon plus spectaculaire, devenant, selon leur nature et leurs moyens, révolutionnaires aux belles causes, missionnaires de l'impossible ou bandits de haut vol. J'ai fait ce que j'ai pu, à ma manière.

Et la vie rude, coriace, si elle m'a mis à l'épreuve, ne m'a pas cassé les dents. C'est déjà ça.

Rien ne peut m'empêcher cependant de me poser la question rancunière : « Qu'aurait été cette vie si "Elle" avait voulu, ou su m'aimer ? »

– Enfin quoi ! s'impatiente Julien. Il t'a fait du bien, ce livre, oui ou non ?

Oui *et* non.

*

* *

Oui, écrire m'a fait du bien parce que mettre des mots sur les maux démystifie la souffrance. Ou plutôt « la souffrance de la souffrance », comme disent les Textes bouddhistes. C'est-à-dire l'amplification que nous procure notre registre émotionnel.

Au début de l'audit de ma vie je me disais « C'est pas possible, je n'ai pas souffert autant ! », et les larmes débordaient pour me prouver le contraire.

Mais avec la rigueur des mots tout prend sa juste place.

« J'ai souffert, soit. Seulement c'est du passé. »

Et ce fut une immense libération.

Assortie d'une décision téméraire : « Désormais, c'est fini, je ne m'appesantirai plus sur mon sort. »

Sauf que je ne l'avais jamais fait ! Je ne me suis jamais appesanti sur mon sort. J'ai simplement gâché des histoires d'amour en précipitant ma fuite plutôt que de subir l'abandon de l'Autre, inéluctable dans mon esprit d'enfant rejeté. Je n'ai pas entretenu certaines amitiés de peur de me mettre à nu et que l'on découvre mes défauts, moi l'enfant renié. J'ai blessé des femmes dont le seul tort était de ne pas me vouloir comme fils mais de me désirer comme amant, et me suis laissé meurtrir par des hommes qui profitaient de mon désir et se fichaient pas mal de ma soif d'amour. J'ai dérivé dans des courants dangereux où de terribles écueils m'attendaient…

« Et tout cela découlerait quand même, quoi que tu prétendes, du comportement de ta mère, m'assène une amie chère, la seule qui ait suivi de près, avec Julien, mes pérégrinations littéraires.

– Bien sûr que non, je l'ai déjà dit ! Enfin, pas seulement…

– Alors qu'est-ce qui t'empêche de changer, de ne plus te laisser bouffer par un malaise lancinant ? »

Si seulement je le savais... Si je pouvais découvrir ce qui, dans la belle mécanique de ma confession curative, bloque la guérison ! Un grain de sable, si ça se trouve, mais qui enraye la marche de la machine...

Menteur !

Comme si je ne l'avais pas repéré, ce grain de sable !

Il y a peu de temps, insatisfait des résultats de mon autothérapie, j'ai mis le doigt dessus. Et je me suis senti tellement désemparé que je n'en ai parlé à personne. Vais-je craquer maintenant ? Lâcher cet aveu qui me paraît annihiler le bénéfice de ma longue entreprise d'écriture ? Cet aveu qui me ramène, implacable, à la case départ...

Tant pis, je me lance. De quoi s'agit-il ? La réponse est toute bête.

– Il s'agit d'une vieille dame de soixante-quatorze ans, qui doit avoir les cheveux tout blancs aujourd'hui, et qui peut-être mourra un jour.

Je voulais dire « mourra bientôt », et mon lapsus me sidère. J'ai bien dit « qui peut-être mourra un jour », comme si tout le monde ne mourait pas tôt ou tard ! Comme si je ne voulais pas qu'elle disparaisse, elle dont je prétends depuis des années qu'elle m'est devenue indifférente, que je n'ai plus besoin d'elle, que je me fous de ce qu'elle devient…

Mon amie a laissé passer un long silence.

Puis, doucement, comme si elle craignait ma réaction, elle a murmuré :

– Et si on allait faire un tour du côté du pardon ?

J'ai éclaté en sanglots.

– 38 –

Le dernier joker

En 2011, j'ai perdu mon père, si tant est que j'aie jamais eu un père.

Comme chaque fois que j'avais entendu parler de lui, cela faisait des années que je ne l'avais vu. C'est sa nouvelle épouse qui m'apprit son décès.

Je ne suis pas allé aux obsèques. Qu'avais-je à faire parmi ses proches, ses nouveaux amis, les clients du bar qu'il avait acheté, selon ce que m'en avait dit ma belle-mère ? Autant d'inconnus pour moi, et eux ne me connaissaient pas davantage. J'imaginais leur étonnement, voire leur incompréhension : « Ah bon, vous êtes son fils ? » J'aurais gêné tout le monde. Alors, comme pour Tanguy, je me suis contenté de prier. J'ai recommandé à Dieu l'âme de ce copain-fan à éclipses, sans aucune amertume, sans grand chagrin non plus, avec une sorte de tendresse indulgente.

Mais « Elle », c'est différent.

« Elle », je ne veux pas qu'elle meure.

Pas maintenant, pas comme ça.

Je ne voudrais pas qu'elle meure avant que je l'aie serrée dans mes bras.

Lui ai-je pardonné ? Je n'en suis pas sûr. Pas totalement, en tout cas.

Pourtant, en relisant mon manuscrit, je m'aperçois que j'ai souvent cherché à l'excuser. Certes, je ne l'ai pas ménagée lorsque les faits parlaient d'eux-mêmes de ma peine d'enfant délaissé, d'adolescent espérant en vain retisser nos liens, d'adulte en manque hanté par un fantôme qui refusait de quitter les lieux. Cependant, je ne l'ai pas « chargée », me semble-t-il.

Mais ce n'est pas cela, pardonner !

Pardonner, c'est arracher de soi, pour toujours, le poison du ressentiment.

Ce n'est pas « Elle » qu'il faut tuer, même symboliquement comme j'ai tenté de le faire avec la dame à la carte Gold, c'est le poison.

Qu'elle meure avant que je l'aie serrée dans mes bras, et ce poison restera en moi à jamais.

Par contre si je lui pardonne *totalement*, si j'admets qu'elle est un être humain faillible, et dont on peut comprendre les erreurs ou les manquements... Si j'accepte qu'aujourd'hui encore elle ne m'aime peut-être toujours pas... Si je vais jusqu'à accepter, surtout, que je l'aime, moi, sans la moindre condition, quoi qu'elle ait fait et fasse à l'avenir...

*
* *

« Et si on allait faire un tour du côté du pardon ? »

Mes sanglots, l'autre jour, à l'écoute de cette phrase, ont sans doute étonné ma confidente.

Elle ne pouvait pas savoir que j'avais déjà pris cette route, dès la fin de mon livre.

L'angoisse au ventre, me rappelant le téléphone coupé dans la cabine publique du Chambon-sur-Lignon, et surtout son ordre sans appel pour l'anniversaire de mes trente ans : *« Ne me téléphone plus jamais ! »*

J'ai obéi, juré avoir dès lors rayé de ma mémoire son numéro de téléphone.

Mensonge encore : je le connais par cœur.

J'ai donc composé ce numéro.

Par trois fois, en quelques semaines.

J'ai entendu sa voix – Allô ? –, elle n'a pas changé. Tempête dans tout mon être.

Un seul « Allô ? », bien que j'aie gardé le silence, tétanisé de peur.

Silence au bout du fil, également.

Attente partagée.

Comme si elle savait que c'était moi. On n'attend pas ainsi quand on croit à un faux numéro.

Avait-elle aussi peur que moi ?

En tout cas j'ai manqué de courage. Chaque fois, c'est moi qui ai raccroché.

Depuis, j'y pense sans cesse.

Et je me pose la question qui dérange : lui ai-je vraiment pardonné ?

Suis-je prêt à le faire, définitivement, même si elle m'éjecte à nouveau de sa vie ? Suis-je capable de tenter cette ultime et totale libération ? Cette magnanimité, n'est-ce pas un peu trop pour moi ?

Je n'en sais rien.

J'ai juste la trouille. Une trouille terrible, une trouille d'enfant.

*
* *

La mémoire a plus d'une solution dans son sac, et le subconscient fait quelquefois du bon boulot.

Un soir, je me suis souvenu de mon oncle René, un des frères de ma mère, auquel je n'avais pas pensé depuis des lustres. Et je me suis rappelé une scène qui ne m'avait pas frappé à l'époque, vu mon jeune âge, mais qui est bel et bien restée gravée dans mon esprit, la preuve.

C'était au cours d'une de mes fugues du Chambon-sur-Lignon, quand je prenais le bus en cachette pour aller voir ma dame brune.

Ce jour-là, à Valence, j'avais trouvé porte close. Je suis donc parti voir ma grand-mère, qui habitait non loin de là. Ma grand-mère la méchante, qui avait délégué sa puissance maternelle à ma mère à coups de tisonnier, afin qu'elle élève sa nombreuse progéniture. Elle me reçut gentiment.

Avec l'âge, ce petit bout de femme d'un mètre soixante avait pris un visage presque doux.

Je lisais une bande dessinée tandis qu'elle s'affairait dans la cuisine quand soudain, on sonna à la porte. J'allai ouvrir et vis entrer un homme que je ne reconnus pas. Ma grand-mère me suivait.

Il se planta devant elle, qui resta un instant sidérée.

C'était mon oncle René, un de ses fils qu'elle n'avait sans doute pas mieux traité que les autres.

René ! Dix ans qu'elle ne l'avait pas vu ! René, champion de boxe et pas vraiment mauvais bougre mais dont elle disait pis que pendre : pour elle, c'était le diable.

Elle lui a lancé un tel regard de haine qu'il s'est transformé une seconde en statue.

– Fous le camp d'ici !

Alors il s'est précipité sur elle, l'a prise dans ses bras, l'a soulevée de terre et l'a fait tourner, tourner dans une valse sans fin ponctuée de cris et de rires.

Et là, je m'en souviens comme si c'était hier, j'ai vu dans les yeux de l'ancienne marâtre l'expression d'une joie indicible.

*

* *

T'as raison, René, le téléphone n'est pas une bonne idée.

Les mots sont trop dangereux, et les phrases trop longues pour prévenir un geste de rejet. Si je lui dis « je te pardonne », elle se sentira accusée. Si je lui dis « Je t'aime », elle pensera que je me fiche d'elle.

Il faut bannir les mots.

Laisser parler le corps, qui n'est pas réservé aux seules joutes amoureuses.

Laisser faire l'étreinte, qui exprime l'amour sans les afféteries du langage.

Se laisser aller à ce qu'on est inéluctablement : un fils, une mère.

Un jour, je prendrai le TGV pour Valence. Elle y habite toujours et je connais le chemin.

J'aurai trois heures de train pour conforter ma décision de ne pas lui en vouloir si elle nous flanque dehors, mon fol espoir et moi. Pour affirmer ma volonté ultime de comprendre, et d'accepter sans plus jamais permettre aux reproches et à la douleur de revenir me bouffer la vie.

Mais j'aurai aussi trois heures pour rassembler en moi tout l'amour du monde et puiser dans mon âme la force de l'entraîner dans la valse du pardon.

Puis j'irai sonner à sa porte.

C'est mon dernier joker.

On verra bien.

Table des matières

Direction littéraire
Huguette Maure
assistée de
Marion Salort

Composition PCA
44400 – Rezé

Imprimé en Espagne

Dépôt légal : janvier 2013
N° d'impression : 01
ISBN : 978-2-7499-1774-0
LAF 1683